Mère Marie du Saint-Sacrement

ADVENIAT REGNUM TUUM

Mère Marie du Saint-Sacrement

2e SUPÉRIEURE GÉNÉRALE

DES

PETITES-SŒURS DE L'ASSOMPTION

Gardes-malades des pauvres à domicile

1853-1922

HOSTIA PRO HOSTIA

PARIS

MAISON DE LA BONNE PRESSE

5, rue Bayard, 5

Nihil obstat.

Parisiis, die 17ª martii 1928.

J. André.

IMPRIMATUR

Parisiis, die 23 martii 1928.

V. Dupin,
v. g.

LETTRE

de notre T. R. Mère Générale Marie-Germaine de Jésus

Mes bien chères Filles,

Une des consolations que nous a procurées le Chapitre Général d'affaires de 1927 a été la lecture des notes biographiques de notre chère Mère Marie du Saint-Sacrement, de sainte mémoire, rédigées par Mère Marie-Thérèse du Sacré-Cœur.

Le vœu exprimé par toutes les capitulantes a été que ce petit ouvrage paraisse le plus tôt possible pour l'édification et la sanctification des âmes appelées à la vie religieuse, pour l'honneur de la Sainte Église et plus particulièrement pour la satisfaction et l'encouragement des membres de notre famille religieuse.

Ayant eu pendant de longues années le grand privilège d'approcher de près cette bien-aimée Mère, au cours des retraites annuelles en Belgique, retraites qu'elle aimait à présider elle-même, tant pour se reposer un peu que pour encourager ses filles, je me reprocherais comme une négligence ou comme un manque de cœur de ne pas témoigner hautement de la reconnaissance que je lui dois pour sa bienveillante patience à mon égard, pour le confiant acte de foi *qu'elle fit en posant sur des épaules inexpérimentées la croix de la supériorité à Fayt, en 1903...*

Aujourd'hui, je comprends mieux encore celui que fit la Congrégation entière en m'appelant, malgré mon indi-

guité, à succéder à cette incomparable Supérieure Générale, à elle qui, pendant trente-neuf ans, fit inlassablement honneur à sa charge en maintenant, avec autant de fermeté que de douceur, les rênes de son gouvernement, en suivant avec fidélité la ligne droite tracée par nos Vénérés Fondateurs!

Mère Marie du Saint-Sacrement a eu, il est vrai, le grand bonheur de vivre « les temps héroïques », soutenue comme le furent « nos anciennes » par la sage direction du Vénéré P. Pernet et par les exemples de la Vénérée Mère Marie de Jésus. L'un et l'autre eurent vite fait de discerner la belle âme de leur fille et les dons de la grâce dont elle était ornée...

L'avenir prouva que les Fondateurs ne s'étaient pas trompés en la désignant pour continuer l'œuvre qu'ils avaient si laborieusement ébauchée et menée à bonne fin avant leur mort.

C'est à leur contact que Mère Marie du Saint-Sacrement, malgré sa frêle apparence, puisa les saintes énergies qui firent d'elle la vaillante Petite-Sœur de l'Assomption au grand et noble cœur, la digne fille de l'Église, de son Chef suprême, notre Saint-Père le Pape.

Les occasions ne lui manquèrent pas d'affirmer sa foi et son amour. Au plus fort de la persécution religieuse, elle maintint la ligne de conduite qu'elle s'était tracée et dont elle ne se départit jamais, même en face de ses juges!

Humblement, simplement, courageusement, elle sut affirmer les droits de la vérité, de la justice, de la charité, et cela, jusqu'au bout, aux heures les plus périlleuses de la persécution, de la guerre et des nombreuses adversités qui ne manquent pas à ceux qui soutiennent les « bons combats du Seigneur ».

C'est ainsi qu'elle ne cessa de soutenir ses Filles et de les entraîner à sa suite sur la voie montante du sacrifice et de la perfection. Elle les voulait toutes à Notre-Seigneur dont elle s'efforçait de reproduire le modèle dans ses paroles, dans ses actes... Les écrits qu'elle a laissés, ses lettres, ses instructions, ses chapitres surtout révèlent la profondeur de cette âme toute à Dieu, toute aux âmes, toute au devoir qui était pour elle la vivante expression de la volonté divine...

Elle se souvint durant toute sa vie de la parole du Vénéré P. Pernet à la Mère Marie de Jésus mourante et accablée de souffrances inexprimables : « Souvenez-vous, mon enfant, qu'il n'y a de fécondité pour le bien et pour les âmes que dans la souffrance... »

Cette fécondité, fruit promis à la souffrance, au dévouement, à l'abnégation, ne tarda pas à se manifester dans la belle mission devenue la « part d'héritage » des Petites-Sœurs de l'Assomption!

Auront-elles assez de l'éternité pour remercier le « Père de famille » de les avoir appelées à travailler à sa vigne et à exercer en son nom l'apostolat évangélique : celui de la régénération chrétienne de la classe ouvrière et pauvre? « Pauperes Evangelizantur ». *C'est en poursuivant sans relâche cet idéal sublime de nos Vénérés Fondateurs que notre chère et regrettée Mère Marie du Saint-Sacrement le réalisa par la sainteté de sa vie et de sa mort. Elles ont exhalé un tel parfum d'édification que nous souhaitons ardemment que les exemples qui s'en dégagent, ainsi que les précieux avis et conseils qui sont sortis de son cœur maternel, comme d'une source féconde et vivifiante, soient conservés aux générations présentes et futures!*

Qu'ils complètent le patrimoine familial, en s'ajoutant

aux biographies de nos Vénérés Fondateurs et à plusieurs autres qui, déjà, honorent la Congrégation en procurant la gloire de Dieu, l'extension de son Règne et un précieux encouragement « aux âmes de bonne volonté » appelées au service de Notre-Seigneur dans la vie religieuse.

Sr MARIE-GERMAINE DE JÉSUS,
Supérieure Générale.

Joinville, le 3 février 1928.

I

Premières années

Eugénie Jacobs naquit à Paris le 4 mai 1853, en cette belle fête de l'Ascension où tout remonte et cherche le ciel !

Elle fut baptisée le 8 mai suivant. Elle était de trois ans plus jeune que sa sœur Maria et l'aînée de son frère Henri. Son père, tailleur parisien, était d'origine hollandaise. Est-ce à cet atavisme que sa fille dut l'alliance de la vivacité latine avec ce bon sens tranquille et pratique de son ascendance paternelle ?

Travailleur infatigable, M. Jacobs occupait de nombreux ouvriers : ses affaires prospéraient. Son foyer était heureux et jouissait du bonheur des familles chrétiennes où tout est ordonné et tranquille.

Eugénie, pétillante de vie, turbulente dans ses jeux, s'épanouissait librement dans ce milieu affectueux et indulgent.

M. l'abbé Rousselet, frère de sa mère, avait un faible marqué pour cette enfant qu'il appelait « le petit papillon ». Plus sévère se montrait une certaine marraine : la vivacité d'Eugénie mettait le désordre dans cet intérieur que l'on devine un peu compassé, et, quand arrivaient les vacances, Mme Jacobs recevait une lettre ainsi conçue : « Envoie-nous Maria, mais ta Ninic, tu peux la garder... »

Cette Ninie, turbulente dans ses jeux, était prompte au travail ; elle avait commencé ses études avec succès, quand la mort de son père, survenue le 24 février 1861, modifia douloureusement l'existence des siens.

M. Jacobs, qui succombait à une maladie de la moelle épinière, laissait sa veuve aux prises avec une situation difficile. A l'aisance succéda la gêne, et la mère se vit obligée de réduire le plus possible ses dépenses.

La sœur aînée d'Eugénie, plus à même par son âge de comprendre les changements qu'entraînait la disparition du chef de famille, garda un souvenir pénible de ces années attristées, pendant lesquelles leur mère « n'avait ni le temps ni le cœur de procurer à ses enfants les distractions de leur âge ».

Les promenades au cimetière le dimanche, les catéchismes de la paroisse Saint-Roch, les visites de l'oncle abbé, c'était tout ce qu'elles connaissaient et désiraient connaître.

Tous les jours, elles assistaient à la messe de M. l'abbé Chartrin, deuxième vicaire de Saint-Roch et ami de la famille ; Henri, leur frère, servait la messe.

Quand elles purent sortir seules, la visite d'un couvent ou d'un patronage devenait un but de promenade pour les deux sœurs tendrement unies.

Il y avait aussi la composition des analyses de catéchisme qui passionnait Eugénie, puis le chant des cantiques où elle excellait à prendre la seconde, car elle était musicienne par nature.

Cette vie toute simple avait un charme en l'amitié qui unissait les deux sœurs, amitié qui ne se refroidit jamais. L'existence d'Eugénie s'écoula entièrement en France, celle de Maria en Australie, mais, à travers l'Océan, une correspondance active mettait en commun les peines et les joies des deux sœurs.

Eugénie, plus vive, avait aussi plus d'initiative que son aînée. C'est elle qui organisait les petites fêtes de famille.

Souvent, pour ces réjouissances, les fonds manquaient, la bourse des trois enfants était vide.

C'est ainsi qu'un jour, à l'approche de la Saint-Louis, le jeune trio se concerta : il fallait faire une bonne surprise à « maman » dont ils savaient la vie difficile et les pesants soucis.

L'encadrement d'une gravure, cadeau d'un parent, était l'objet de leur rêve, mais, où trouver l'argent ?... Eugénie eut vite fait de résoudre la question : De ses petits doigts de fée, elle confectionna toute une série de chapeaux de poupées que, bravement, les trois enfants allèrent offrir aux magasins du quartier. Ce fut un succès, les chapeaux furent enlevés, la gravure encadrée, et la maman bien fêtée.

La sœur aînée, dont nous tenons ces détails, nous apprend aussi comment le caractère de sa cadette se modifia à l'approche de la première Communion.

Eugénie resta gaie et rieuse, mais sa dévotion devint plus profonde, ses prières plus recueillies, son dévouement aux autres plus généreux et plus attentif. Les cérémonies liturgiques, les chants, les processions ravissaient déjà celle qui devait être toute sa vie une vraie « fille de l'Eglise », une âme priante et chantante, ce qui fut le secret de son rayonnement sur les âmes.

L'appel de Dieu commençait à se faire entendre à cette âme d'enfant.

Eugénie confiait volontiers à sa sœur que, quand elle

serait grande, elle se donnerait au bon Dieu pour visiter les pauvres et soigner les malades.

Or, à cette époque se fondait à Paris, au milieu de mille difficultés, par le P. Pernet et la Mère Marie de Jésus, la Congrégation que devait gouverner, pendant près de quarante ans, cette enfant éprise déjà d'un idéal d'amour de Dieu et de sacrifice.

Au catéchisme de Saint-Roch, Eugénie avait alors pour vis-à-vis une de ses futures filles, Sœur M.-Claire, qui a gardé un vif souvenir de « cette compagne de son âge aux yeux profonds, coiffée d'une capote à larges brides noires nouées sous le menton, enfant grave et attentive qui ne perdait ni un geste ni une parole du prédicateur de la retraite ».

Les habitués de la paroisse la connaissaient d'autant mieux que c'était elle qui, de sa voix claire et bien timbrée, récitait souvent « les billets des grandes fêtes », faveur très appréciée du jeune auditoire.

La mémoire d'Eugénie était prodigieuse, aussi ses analyses de catéchisme lui étaient un triomphe. Constamment elle obtenait le cachet d'or ou le cachet d'honneur. Quatre volumes reliés et retrouvés dans les papiers personnels de la Mère Générale, datés des années 1863 à 1865, témoignent de l'amour avec lequel Eugénie enfant s'instruisait des choses de Dieu, et du souvenir inoubliable que devait garder de sa première Communion Marie du Saint-Sacrement.

Ces pages soignées, sans une rature, couvertes d'une petite écriture régulière et appliquée, dénotent l'importance qu'elle attachait déjà au service de Dieu.

Elle conserva d'ailleurs, toute sa vie, une grande ponctualité dans les plus petits détails.

Nous lisons dans ces cahiers d'analyses quelques résolutions prises alors :

Je témoignerai beaucoup d'amitié à mes parents, mes compagnes et tous ceux qui m'entourent.

Je prends la résolution de bien faire mes prières, de ne pas les réciter seulement avec mes lèvres, mais du fond du cœur... de mettre en pratique tout ce qu'on me dira... Je prends la résolution de bien écouter mon ange gardien... de persévérer, afin d'aller au ciel goûter le bonheur de cette première Communion qui dure toujours ..

Suivent des avis, cris d'un cœur déjà vibrant :

Tout pour Jésus et le ciel !
Tout pour la gloire de mon Jésus !
Tout pour ma première Communion !

Puis des prières touchantes de simplicité :

O Jésus, je désire et je désirerai jusqu'au dernier instant, je prie et je prierai encore pour faire une bonne première Communion.

O Esprit-Saint, éclairez-moi, rappelez à ma mémoire les choses si belles qui m'ont été dites !...

Le jeudi 4 mai 1865, anniversaire de sa naissance, Eugénie fit sa première Communion.

Après avoir récité les actes avant la communion, j'attendais avec impatience l'arrivée de mon Sauveur. Enfin... je reçus Celui que j'avais tant désiré. Oh ! que j'étais heureuse lorsque je l'ai senti dans mon cœur ! Que ses conversations étaient douces !...

A l'autel de la Très Sainte Vierge, j'ai prononcé au nom de tous la consécration. Je ne désirais plus rien... Que me fallait-il davantage ?

Le soir, je m'endormis tranquille, j'avais mon Dieu dans

mon cœur. Il me parlait, conversait avec moi. J'étais heureuse comme jamais je ne l'avais été !

Et voici le dernier mot de cette grande journée :

O Jésus, gardez-moi, restez toujours dans mon cœur, jusqu'à ce jour où je serai dans le vôtre pour toute l'éternité !...

Le 6 mai, c'était la Confirmation... La ferveur d'Eugénie ne fut pas moindre pour appeler l'Esprit divin.

Oh ! j'étais doublement heureuse lorsque je sentis Jésus et l'Esprit-Saint dans mon cœur. Ils conversaient ensemble et avec moi !

... O Esprit-Saint !... maintenant j'entends votre voix qui me dit : « Ma fille bien-aimée, que veux-tu ? dis-le moi et je te l'accorderai. — Donnez-moi la grâce de toujours vous aimer et vous conserver. »

Et sur le recueil prêt à se fermer :

Tout !... pour le Dieu de ma première Communion !

Elle offrait tout dans l'inexpérience de ses douze ans. Le Christ accepta le don. Ce fut celui d'une vie qui ne se démentit pas dans son service d'amour, qui monta spontanément vers Dieu sans s'attarder aux choses d'ici-bas, qui donna tout et ne reprit jamais rien.

Plus tard, après sa mort, ce souvenir inspirait ainsi une de ses filles :

A DOUZE ANS

Ce n'est qu'une enfant de douze ans à peine,
Mais déjà le Maître a blessé son cœur...
Ce n'est qu'une enfant, mais c'est une reine...
Son regard si pur voit l'aube lointaine
Du plein abandon, du parfait bonheur !

Oh ! quand on a vu cette chère image,
L'esprit remué s'en souvient toujours !
Ce regard d'élue en ce doux visage
Murmure à mon âme un secret langage
Qui me porte à Dieu plus qu'un long discours...

On lit dans ses yeux empreints de mystère :
J'écoute une voix ; mon cœur a compris !
Je n'ai que douze ans, mais déjà la terre
Ne me paraît plus qu'une ombre légère,
Car Jésus me parle, et mon cœur est pris !

Tout bas, il m'a dit : « Mon enfant, je t'aime :
Ne faisons plus qu'un... Enfant livre-toi !
Je veux que tu sois un autre moi-même,
Et qu'en te voyant, celui qui blasphème
Me bénisse un jour et revienne à moi ! »

Et j'ai répondu, surprise et ravie,
En ces doux instants qui passent trop courts...
Et j'ai répondu, l'âme épanouie :
« Tout vous appartient, mon cœur et ma vie,
Jésus gardez-moi... Gardez-moi toujours. »

. . . .

Il est déjà bien loin ce colloque si tendre
De votre cœur d'enfant avec le Cœur de Dieu,
Et si je le médite, il me fait mieux comprendre
L'incomparable élan de votre âme de feu...

Vous n'étiez qu'une enfant très modeste et petite,
Lorsque le Roi des rois jetait les yeux sur vous,
Mais il vous préparait pour sa douce visite,
Car il savait déjà qu'il serait votre Époux.

O matin ravissant, ô vision bénie !
Vous offriez à Dieu la fleur de vos douze ans,
Et Dieu vous a gardé, jusqu'au soir de la vie,
Une âme toujours jeune... un éternel printemps !

Merci, merci, mon Dieu, de nous l'avoir donnée
C'est un gage certain de votre amour pour nous...
Qu'elle rayonne un jour, cette prédestinée,
Pour l'honneur de l'Eglise et votre gloire à vous.

De la pension Joly où elle était restée plusieurs années, Eugénie alla terminer son instruction à l'école des Sœurs de Saint-Vincent de Paul. C'est alors que Mme Moreau, qui dirigeait un grand atelier de fleurs artificielles, ayant remarqué la piété, l'aimable caractère et l'adresse de la petite fille, obtint de sa mère qu'elle vînt se joindre à une trentaine de jeunes fleuristes dont se composait l'établissement, rue de Richelieu.

Eugénie devait y rester jusqu'à son entrée au couvent. Plus tard, elle racontera à ses novices en les voyant garnir de lis l'autel de la Sainte Vierge :

Que de lis sont aussi passés par mes mains, mes enfants, et tout en les montant avec mes amies, nous glissions nos intentions enroulées à leurs tiges, afin qu'elles fussent tout près du tabernacle, tout proche de Notre-Seigneur.

Quand éclata la guerre de 1870, Eugénie laissa ses fleurs et se mit à travailler pour les ambulances. Dans Paris assiégé où les vivres manquaient, elle s'occupa des plus malheureux de son quartier, les visitant, les consolant, se privant elle-même pour soulager les malades, et les préparant de son mieux au grand voyage de l'éternité.

Elle fit alors, en un mot, tout ce que plus tard elle devait faire sur une plus vaste échelle avec ses filles, les Petites-Sœurs.

La paix signée, elle reprit son humble travail à l'atelier où, de jour en jour, elle allait se perfectionnant.

Au fond de son âme elle sentait grandir son attrait pour les choses de Dieu. La sainteté l'attirait. Eugénie avait la vocation religieuse.

Elle connaissait sur la paroisse, rue Saint-Honoré, la fondation récente des Petites-Sœurs de l'Assomption. « C'était la pauvreté même, jointe à l'obéissance souriante la plus active. »

De cette humble maison, les Sœurs sortaient pour aller droit aux pauvres, dans les taudis où règnent la misère et la souffrance.

Quel rêve ! !... La vie de mission en plein Paris !

Mais le devoir retenait Eugénie près de sa mère, car sa sœur aînée, s'étant mariée, avait quitté la France. Le sort d'Henri n'était pas encore fixé.

Malgré son grand désir d'entrer en religion, la future Petite-Sœur de l'Assomption dut attendre jusqu'à l'âge de vingt-deux ans. Elle fit son sacrifice généreusement.

Enfin, le matin du 17 mai 1875, réunie aux Enfants de Marie de la paroisse Saint-Roch dont elle avait été l'entraîneuse zélée, élue et réélue plusieurs fois présidente, elle accomplit le pèlerinage annuel de Notre-Dame de La Salette dont la chapelle est encore rue de Vaugirard.

C'est là qu'elle fit son acte d'adieu à l'association. Puis, tendrement accompagnée par sa vaillante mère, elle se rendit rue Violet, maison-mère des Petites-Sœurs de l'Assomption.

La Mère Marie de Jésus, cofondatrice, accueillit elle-même la jeune aspirante qu'elle connaissait déjà, mais hésitait à prendre à cause de la délicatesse de sa santé.

— Je vous amène ma fille, dit Mme Jacobs qui était tout d'une pièce, j'espère que vous en serez contente et que vous ne me la renverrez pas.

II

Grenelle et Perpignan

Le P. Emmanuel Bailly, troisième Supérieur général des Augustins de l'Assomption, décrivait ainsi, en 1914, l'humble maison religieuse où entrait, en 1875, Mlle Eugénie Jacobs :

> J'ai vu ce qu'était cette maison avant que vous n'y entriez. C'était petit, mal agencé, et nous pensions : que fera-t-on de cette turquerie-là ?... car c'était une école turque.
>
> Le P. Pernet et la Mère Marie de Jésus disaient : « Cette turquerie-là, ce n'est pas beau, c'est pauvre, ça nous ira. » Et ils étaient contents tous deux parce qu'ils pressentaient des épreuves sans nombre.
>
> Ils avaient bien raison de compter sur Dieu. Je vois que tout s'est développé d'une façon merveilleuse. Tout a commencé dans la détresse, la misère, mais surtout dans la confiance.

Quand Eugénie arriva au 57 de la rue Violet, le petit couvent avait cinq ans d'existence.

Depuis le 7 avril 1870, cette « turquerie-là » était habitée par les gardes-malades des pauvres et sanctifiée par la présence de Notre Seigneur au tabernacle.

Mais la maison ne ressemblait en rien à celle d'aujourd'hui. Le jardin se bornait à la grande pelouse entourée de buissons. L'habitation, qui n'avait pas alors de dépendances, était de deux étages avec des mansardes ; tout était pauvre.

Dans ce cadre peu engageant régnait la joie. La Mère

Marie de Jésus y gouvernait avec fermeté et douceur le petit groupe de ses filles, et, confiante en la Providence, préparait dans la peine les moissons de l'avenir.

Le P. Bailly dit encore en parlant des jours lointains :

Le P. Pernet souriait toujours ! « Laissons faire le bon Dieu, disait-il, et allons de l'avant ! » Et votre fondatrice était ainsi... L'esprit de joie nous a été légué par les fondateurs, nous devons le garder précieusement ; et d'ailleurs notre titre d'enfant de l'Assomption ne nous rappelle-t-il pas sans cesse le ciel, c'est-à-dire la joie surnaturelle ? Vivons du ciel, pensons au ciel, désirons-le ; tout devient facile quand sur la terre on fait descendre le ciel.

Par ce tour d'esprit surnaturel, la nouvelle aspirante fut, dès le premier jour, bien de la famille. Son âme était une âme de joie qui chantait la reconnaissance et le bonheur rencontré dans sa vie religieuse.

L'apparence d'Eugénie, si menue et si frêle, avait impressionné Mère Marie de Jésus ; elle résista quelque temps aux instances de ses filles qui la désiraient parmi elles.

« Ne l'attirez pas chez nous, recommandait la Mère fondatrice, c'est un fil ! »

Huit ans plus tard, à son lit de mort, parlant de Sœur Marie du Saint-Sacrement pour lui succéder, elle objectait encore : « C'est un fil ! »

Le P. Pernet, lui, trancha la difficulté d'un mot qui semble prophétique : « Il est vrai, c'est un fil, le Bon Dieu en fera un câble. »

Lorsqu'en 1922, mourut la Mère Marie du Saint-Sacrement rien chez elle n'avait fléchi malgré les soucis et les croix d'un généralat de près de quarante ans. La prophétie du fondateur s'était pleinement réalisée.

Eugénie Jacobs prit l'habit le 15 août 1875 avec le nom de Sœur Marie du Saint-Sacrement. Le cérémonial de ce temps-là était simple et pauvre comme tout le reste. La toute petite chapelle devint l'objet d'une dévotion toute spéciale de la nouvelle novice qui, tout de suite, en fut nommée sacristine.

C'est avec le plus grand respect qu'elle s'occupait des fonctions de sa charge, et dans tous les instants libres, on la trouvait au pied de l'autel, immobile, silencieuse, absorbée dans la prière.

Entre le P. Pernet, fondateur, et la Mère Marie de Jésus, sa sainte collaboratrice, Sœur Marie du Saint-Sacrement recueillait mille souvenirs qu'elle aimait plus tard à rappeler aux jeunes générations.

Le trait dominant du fondateur était une indomptable confiance en Dieu :

> Je vous en prie, disait-il aux Sœurs, ayez sans cesse les yeux fixés sur Dieu, ne regardez que lui, ne tendez que vers lui, alors vous aurez la noblesse et l'élévation d'âme que je désire pour vous.

Comme elle était bien à même de recueillir une telle doctrine d'amour et d'abandon complet, cette Marie du Saint-Sacrement dont, plus tard, au temps de la persécution religieuse, la devise préférée sera : « Plus de confiance que de soucis ! Plus d'amour que de crainte ! »

Le 21 novembre 1876, elle faisait profession, se donnant à Dieu avec toute l'ardeur de son âme et un culte pour son adorable volonté qui sera désormais sa plus grande dévotion. Le *Fiat* lui fut souvent douloureux, mais toujours si généreusement prononcé !

Presque aussitôt après sa profession, un épanchement

de synovie la cloua sur une chaise longue pendant des mois, et nul ne put surprendre une plainte ou un soupçon d'ennui d'une si longue réclusion. Sœur Marie du Saint-Sacrement, à peine remise, fut envoyée à la maison de Batignolles encore en période de fondation.

Les Petites-Sœurs occupaient un minuscule appartement rue de Provence.

Elle eut pour Supérieure Sœur Marie-François, Flamande d'origine, pleine d'entrain, qui prit la jeune professe pour compagne de quête.

Plus tard, Sœur Marie-François aimait à raconter que sa Mère Générale actuelle avait été « sa fille » et qu'elle l'avait bien dressée.

Pourtant, cette formation ne dura guère que deux ou trois mois, car Sœur Marie du Saint-Sacrement fut désignée pour seconder la maîtresse des novices à Sèvres, près des dix-sept « voiles blancs » et des huit postulantes qui composaient alors le petit bataillon, espoir de la Congrégation.

La Mère Marie de Jésus venait souvent le visiter et avait avec cette jeunesse de longues conférences.

Sa présence était une grande joie pour le noviciat. Au couvent de Sèvres, l'eau souvent manquait, excepté les jours de pluie où il fallait la chasser du rez-de-chaussée à grands coups de balai. D'ailleurs, dans toute la maison il pleuvait un peu, mais quand il ne pleuvait plus, le puits se trouvait à sec. Aller chercher l'eau dans le voisinage était une surcharge, une fatigue et surtout une perte de temps que l'on appréhendait.

Un soir, dit une Sœur ancienne, Mère Marie de Jésus constata l'absence totale d'eau dans le réservoir. Soucieuse, elle dit à la récréation :

— Nous devons avoir foi en notre bon saint Joseph ; qui de vous, mes enfants, serait disposée à faire le sacrifice d'une petite statue à laquelle elle est fort attachée ?

Une de nous, généreusement, tendit une statuette qu'elle aimait à garder sur elle dans sa poche.

Notre vénérée Mère réfléchit un instant, promenant son regard si profond sur le cercle qui l'entourait.

— Marie du Saint-Sacrement, ma fille, allez porter saint Joseph sur le rebord du puits et arrangez-vous pour qu'il le remplisse.

Avec son esprit de foi et de simplicité habituel, Sœur Marie du Saint-Sacrement partit tout de suite accomplir sa mission.

Durant la nuit, il ne tomba pas une goutte d'eau, mais le lendemain matin, ô merveille, le puits était plein jusqu'au bord...

Par égard pour la modestie de sa fille, notre vénérée Mère ne voulut jamais que l'on rappelât ce fait : « Vous raconterez cela plus tard », disait-elle.

Sœur Marie du Saint-Sacrement aimait les fêtes de famille, les joies pures et innocentes des *Deo gratias* où elle apportait toute sa gaieté, avec l'esprit surnaturel qui ne la quittait jamais. Elle était un charme pour toutes ses Sœurs.

Un jour, elle fut très frappée d'entendre le P. Manuel, Dominicain, répondre à la Mère Marie de Jésus qui lui annonçait qu'une religieuse venait d'être nommée supérieure : « Ah ! mon Dieu ! est-elle bien humble ?... » C'est tout ce dont il s'informa, sans demander si elle était intelligente, si elle avait du caractère, etc.

Ces mots : « est-elle bien humble ? » furent une révélation pour la jeune professe. La première qualité pour une supérieure est donc l'humilité. Sœur Marie du Saint-Sacrement devait mettre cette pensée dans sa vie et s'en nourrir durant ses longues années de supériorat.

Malgré sa grande jeunesse, cette charge lui fut imposée en 1879 quand elle partit pour Perpignan.

La Mère Marie de Jésus l'accompagna et l'installa au milieu des soucis d'un début laborieux.

Et, comme elle était très humble, la jeune supérieure se défiait d'elle-même et cherchait à la maison-mère lumières, conseils et réconfort.

Notre vénéré Père pensait, comme le P. Manuel, qu'une responsabilité plus grande demande une humilité plus profonde.

— Vous serez beaucoup pour le Maître, si vous vous appliquez sérieusement à n'être rien... Tout en nous donnant sans mesure, soyons humbles, effaçons-nous en faisant de préférence ce que les autres ne feraient pas... Vous serez donc toujours prête à vous faire la dernière, la servante, en même temps que la mère des âmes qui vous entourent...

Les nombreuses lettres que lui écrivit notre Père, Mère Marie du Saint-Sacrement les conserva toute sa vie, copiées dans deux carnets noirs qui ne la quittaient pas.

Douce de caractère, infiniment loyale à l'impulsion qui lui était donnée par les fondateurs, elle fut toujours pour eux l'enfant soumise et attentive à leurs désirs.

Deux ans avant sa mort, elle disait aux supérieures réunies à la maison-mère : « Chacune de vous doit être dans sa maison un portrait vivant de notre Père et de notre Mère... »

Arrivée à Perpignan le 28 août 1879, la nouvelle communauté y fut reçue très paternellement par l'archiprêtre de la cathédrale, M. l'abbé Metge, qui tout de suite s'en constitua le protecteur.

Avec l'aide de quelques pieuses dames, il avait préparé l'installation de l'humble couvent de la rue du Bastion Saint-Dominique et rien ne manquait ni pour la chapelle ni pour la communauté ; tout était prêt, jusquà la boîte d'allumettes posée à côté des cierges pour la messe du lendemain !

Et sans attendre, Notre-Seigneur voulut prendre possession du modeste tabernacle où il devait recevoir tant d'actes d'amour !

Mère Marie du Saint-Sacrement s'en constituait la gardienne et la sacristine, seule charge qu'elle eût jamais ambitionnée durant sa vie.

En ville, les malades aussi attendaient, et, à peine la bénédiction de la chapelle terminée, les petites « hirondelles » de mansardes se dispersaient sur leur nouveau champ d'apostolat. Comme ses filles, la Supérieure devenait garde-malades des pauvres, de jour et de nuit.

Femme d'une force morale rare — que son attitude en face de la persécution religieuse devait prouver, — Mère Marie du Saint-Sacrement n'en garda pas moins toute sa vie certaines terreurs irraisonnées.

Un de ses pires souvenirs de Perpignan était celui d'une nuit où, veillant une malade assoupie, elle passa des heures, debout sur une chaise, chassant à coups de parapluie la ronde envahissante des souris en possession du pauvre logis.

Dans la ville, la sympathie allait grandissant pour l'œuvre féconde des Petites-Sœurs gardes-malades. L'évêque, Mgr Caraguel, tout le premier, avait pour elles des attentions paternelles.

Les Dames-Servantes qui, selon leur titre, servent la cause de Notre-Seigneur et des âmes chez le pauvre, étaient nombreuses autour de la jeune supérieure. Avec son sens surnaturel et pratique, Mère Marie du Saint-Sacrement savait utiliser toutes les bonnes volontés.

Les malades manquaient des choses les plus nécessaires : elle inaugura « le bouillon du jour » qui se faisait à tour de rôle dans chaque famille aisée de la ville, et la Petite-Sœur elle-même allait le chercher.

Pour procurer du linge et des vêtements aux pauvres assistés par ses filles, elle organisa l'ouvroir. Une fois par semaine, les Dames-Servantes venaient y travailler.

Simplement et pieusement, après la récitation du chapelet, la supérieure leur faisait une courte instruction toujours très goûtée. Nous en trouvons des passages dans son petit cahier de notes de ce temps-là.

Une Dame-Servante doit, à l'exemple de la Sainte Vierge, concevoir Notre-Seigneur, le porter et le donner aux âmes.

Comment le concevoir : dans l'oraison et la communion.

Comment le porter : par le recueillement et la vie intérieure.

Comment le donner : en le manifestant autour de nous.

Le tout de la vie de l'homme sur la terre, c'est de chercher Notre-Seigneur pour le trouver et s'unir à lui. Si c'est l'unique but de notre vie, ce doit être l'unique but de nos journées et de toutes nos actions... Si nous prions, cherchons Notre-Seigneur, c'est-à-dire ses intérêts et non pas les nôtres ; et, si nous nous occupons de nous, que ce soit de notre sanctification afin d'être plus à même de le servir...

Si nous faisons la sainte communion, cherchons Notre-Seigneur et non pas notre consolation, recevons-le, non pour nous reposer en lui, mais pour travailler avec plus de courage pour lui.

Si nous nous occupons des pauvres, là surtout, cherchons Notre-Seigneur.

Que c'est consolant de penser que nous pouvons en tout et partout trouver Notre-Seigneur, dans les créatures, dans les événements, dans tout ce qui nous arrive. Il nous suffit de le chercher pour le trouver et ensuite il faut nous unir à lui...

Mère Marie du Saint-Sacrement avait le culte de la volonté de Dieu, elle savait l'inculquer aux âmes, et c'est ainsi qu'elle disait encore aux Dames-Servantes :

La volonté de Dieu est la cause souveraine de tout ce qui arrive en ce monde.

La volonté de Dieu est toujours essentiellement bonne. Notre-Seigneur a vu la volonté de son Père dans toutes ses souffrances.

Il n'a pas dit : « Je vais boire le calice que m'a préparé la méchanceté des hommes, mais le calice que mon Père m'a préparé... » Il ne faut pas seulement reconnaître la bonté de la volonté de Dieu dans les choses générales, mais encore dans ses vouloirs particuliers qui nous atteignent directement.

Toutes les perfections de Dieu passent dans ses volontés...

Ne comptons pas avec un Dieu qui compte si peu avec nous !...

L'attrait surnaturel qui se dégageait de la personne de la Mère Marie du Saint-Sacrement laissait derrière elle une impression de sainteté qui dure encore. « Elle était fine, gaie, spirituelle, nous dit Mme Vassal, l'une des premières amies de Perpignan, et avait au besoin une pointe de malice qui donnait du charme à son caractère. »

Pendant qu'elle était à Perpignan, Mère Marie du Saint-Sacrement fut témoin des douloureuses scènes de spoliation des couvents de religieux. C'était en 1880. Le futur cardinal Vivès se trouvait alors être le Père gardien des Capucins. La porte fut crochetée, les religieux expulsés.

Le commissaire chargé de cette triste besogne était bien connu de Mère Marie du Saint-Sacrement. Elle alla le trouver et lui inspira de tels remords que le pauvre fonctionnaire en pleurs vint trouver le P. Vivès pour se jeter à ses pieds et lui demander pardon.

Le « crocheteur » du couvent, eut, quelques jours après, sa propre maison « crochetée » par les voleurs.

Ces détails, le cardinal Vivès aimait à les rappeler aux Petites-Sœurs de Rome longtemps après.

C'est dans la chapelle du petit couvent de Perpignan que se place l'anecdote à laquelle Mgr de Llobet fait allusion dans la dédicace d'un de ses livres à la Mère Générale.

Il y a de cela quarante ans... Un matin, devant l'ostensoir d'or, la supérieure détacha une fleur, une pensée, d'un des bouquets de l'autel et la glissa dans la main d'un petit enfant qui, timidement agenouillé, disait sa prière avant d'aller à l'école voisine. C'est cette fleur que l'enfant d'alors voudrait aujourd'hui lui rendre, en lui faisant hommage de son humble travail...

III

La Supérieure Générale

Le P. Pernet écrivait le 3 août 1883 à la Mère Marie du Saint-Sacrement : « Mon enfant très chère, que je suis dans le chagrin ! Votre pauvre Mère est dans un état de plus en plus alarmant ! »

Un mois plus tard, la situation s'aggravait et celle qui s'était tant dépensée pour Dieu et ses pauvres s'acheminait en paix vers l'éternel repos.

Le 14 septembre, la Mère Marie de Jésus reçut les derniers sacrements.

Quelques heures après, arrivait à Grenelle la supérieure de Perpignan. Plusieurs fois la fondatrice l'avait réclamée, et lorsqu'elle entendait un peu de mouvement dans la maison : « C'est ma chère petite Saint-Sacrement qui arrive », disait-elle.

Cette fille tant désirée put encore entourer de sa tendresse sa Mère mourante, prendre part aux prières qui ne cessaient pas à son chevet, échanger des paroles qui ont tant de prix à cette heure où l'on sent que le bon Dieu va parler plus haut et plus fort que tous nos vouloirs et nos courtes pensées qui ne sont pas les siennes ! !

Un matin, seule près de la vénérée malade, dans un élan de filiale admiration, Mère Marie du Saint-Sacrement supplia :

— Ma Mère, vous me laisserez votre cœur ?...

Celle qui parlait ainsi sentit le regard qui s'attachait sur elle devenir profond, et ce fut, grave comme une promesse, que parvint la réponse :

— Oui, mon enfant !...

— Mon Père, permettez que je m'en aille ?... avait demandé la Mère Marie de Jésus, dans la pratique de cette obéissance qu'elle avait voulue si parfaite et qui devenait sublime à cette heure dernière.

— Oui, ma fille ; mais, rappelez-vous que plus vous souffrirez, plus vous laisserez de vie autour de vous.

Et notre vénérée Mère continua de souffrir jusqu'au soir du 18 septembre.

A 6 heures, lorsque tinta l'Angélus, le Seigneur lui fit entendre le suprême appel, et ce fut au paradis qu'elle répondit : *Ecce ancilla Domini.*

Le matin des funérailles de la Mère fondatrice, ses dernières volontés furent révélées à la communauté réunie, après avoir été pleinement acceptées par les conseillères à l'unanimité. Mère Marie du Saint-Sacrement devenait, sur le désir même de la fondatrice, la seconde Supérieure Générale des Petites-Sœurs de l'Assomption.

Ecrasée sous sa croix, elle faisait peine à voir, tandis qu'elle recevait l'obédience de ses filles qui venaient lui baiser la main.

Dans la soirée, entra chez elle une Sœur empêchée d'être à la cérémonie de l'obédience ; la nouvelle Mère Générale, qui avait retrouvé en Notre-Seigneur le calme et la confiance, se penche vers elle, et, confidentiellement :

— Qu'est-ce qu'il a fait, le bon Dieu !!!

— Ma Mère, tout ce que fait le bon Dieu est bien fait !

Le lendemain de son élection, Mère Marie du Saint-

Sacrement commenta devant ses filles la parole qu'elle faisait sienne : « Me voici, Seigneur, pour faire votre volonté ! »

Et trois semaines plus tard, le 14 octobre, fête de la Maternité de la Sainte Vierge, elle prononça ses vœux perpétuels avec trois de ses compagnes, dont une, Mère Marie-Madeleine, avait été, presque dès le début de l'œuvre, l'assistante toute dévouée de la Mère Marie de Jésus.

Mgr Richard présidait la cérémonie.

La veille, la nouvelle Mère Générale avait réuni ses filles :

— En prononçant mes vœux perpétuels, leur dit-elle, je me donnerai plus à Dieu, plus à vous. Je m'offrirai pour vous. Votre bien, votre sanctification, c'est tout ce que je désire, et je m'abandonne entièrement entre les mains de Dieu en vue de l'obtenir.

Les quatre élues se prosternèrent sous le drap mortuaire, symbole du renoncement total qui, en fermant les horizons d'ici-bas, entr'ouvre un peu ceux de là-haut.

Mère Marie du Saint-Sacrement se releva radieuse. Elle reçut, comme ses compagnes, la couronne de roses blanches avec le cierge symbolique. Elle entendit Mgr Richard assurer que les vœux perpétuels qui venaient d'être prononcés allaient donner à la Congrégation « une nouvelle sève ». Forte des liens qui l'unissaient pour toujours au service « du Maître uniquement aimé et le premier servi », la jeune Supérieure assuma avec une tranquille fermeté les devoirs multiples qu'entraînait sa charge, et la vie à la maison-mère continua dans le même esprit et la même union.

Deux fois par semaine, notre vénéré Père y faisait une

instruction ; le jeudi, il était permis de poser des questions, de demander des explications auxquelles notre Père répondait avec la condescendante bonté qui le caractérisait.

Aux récréations, on mettait en commun les événements de la mission, et les lettres des centres plus éloignés étaient entendues avec joie. Celles de Perpignan traduisaient les regrets des amis et des pauvres, et aussi une certaine fierté de voir élevée aux honneurs cette « Petite Mère » dont l'archiprêtre de la cathédrale disait qu'il l'avait vue à l'épreuve « et qu'elle s'était plus sanctifiée en quatre ans que beaucoup d'autres en toute leur vie ».

Les filles de Mère Marie du Saint-Sacrement, qui l'ont eue à leur tête pendant près de quarante ans, nous donnent des témoignages dans lesquels nous puisons volontiers pour présenter une esquisse ressemblante de cette grande figure de religieuse.

Notre Mère fut formée virilement au généralat, comme elle l'avait été au noviciat. Mère Marie-Madeleine, qui entraînait à sa suite toute la Congrégation dans l'obéissance et le filial respect envers la jeune Supérieure Générale, redevenait dans l'intimité la Mère maîtresse avec ses saintes originalités et ses multiples observations.

Rien n'était épargné pour le plus grand bien de la Congrégation à laquelle il fallait une Mère Générale plus que parfaite.

Aucun détail ne passait inaperçu.

De plus, la chère Mère assistante, ayant une véritable frayeur de la responsabilité, n'en voulait porter aucune, et tout le poids retombait sur les faibles épaules de Mère Marie du Saint-Sacrement.

Souvent, celle-ci se disait : « Courage, notre Père doit

venir demain, j'aurai avec lui un long entretien ; mais, en arrivant, le bon Père la saluait par ces mots : « Eh bien ! ma fille, comment vont les affaires de la Congrégation ? » Et, avouait notre Mère, « je n'osais lui parler de mes peines, sentant le devoir de m'oublier moi-même pour le bien de la famille ».

Singulièrement équilibrée, ayant une maîtrise d'elle-même remarquable, une persévérance tranquille et tenace qui allait droit au but à atteindre, elle était vraiment apte au gouvernement. De plus, elle avait au suprême degré la mémoire des figures, des noms, des âmes surtout.

Bien que petite et menue, elle ne donnait pas l'impression d'un être faible ou fragile. Celles qui l'ont vue de plus près insistent sur ce quelque chose de résolu que traduisait son regard. Ses yeux restèrent longtemps jeunes, comme aussi le timbre de sa voix et la spontanéité de son esprit.

En avançant dans la vie, elle progressait en douceur, en mansuétude miséricordieuse pour tout comprendre, tout supporter, car, étant montée plus haut, elle pouvait descendre plus bas pour se mettre au niveau des faiblesses humaines.

Quand elle jugeait les événements, elle ne comptait en rien, dans les décisions, les difficultés qui pouvaient lui en revenir. Un religieux disait d'elle :

« Je n'ai jamais vu autant d'impersonnalité ; on dirait que votre Mère n'existe pas à ses yeux. »

De là, l'oubli total de ce que l'on pouvait lui avoir fait souffrir, et cela avec une telle simplicité, un tel abandon, qu'on aurait dit que tout s'effaçait de sa mémoire ou plutôt ne s'y était jamais imprimé.

Cette impersonnalité gardait à notre Mère une parfaite

justesse d'appréciation, même des personnes dont elle avait le plus à souffrir.

Exacte, ponctuelle, attentive, elle se donnait toute au devoir du moment, ne s'usant pas à prévoir celui de l'heure suivante. Elle avait pour ses filles, comme pour elle-même, un idéal très élevé et les voulait joyeuses dans le renoncement total.

Elle disait aux supérieures :

Votre rôle est d'aider les âmes à monter... Le secret de notre influence sur les âmes est qu'elles sentent en nous quelque chose de l'esprit et du cœur de Notre-Seigneur...

Une supérieure dans sa communauté doit être une victime, une réparatrice, une caution pour les âmes, « un Jésus continué »...

Rien ne prouve mieux ce que fut la Mère Marie du Saint-Sacrement à la tête de sa Congrégation que le témoignage rendu à son mérite au Chapitre général de 1909, quand, après vingt-six ans de généralat, elle fut encore maintenue à son poste au premier tour de scrutin, élue à l'unanimité moins une voix : la sienne.

Aux yeux de ses filles, elle incarnait la tradition de leurs humbles débuts ; elle était le lien direct avec les fondateurs, la dépositaire de leur esprit.

De 1883 à 1899, on peut dire que Mère Marie du Saint-Sacrement fut formée, conduite et dirigée par notre vénéré Père. Il était son conseil, prenait avec elle toute décision et portait avec elle le poids du gouvernement.

Au lit de mort du Père fondateur, au soir du 3 avril, Mère Marie du Saint-Sacrement se tenait comme au pied de la croix. Elle recueillit ses dernières paroles :

— Ma fille, soyez forte ; Notre-Seigneur vous aime, il sera avec vous.

Un peu plus tard, comme il avait reçu le télégramme annonçant la bénédiction papale, il la bénit en disant :

— Je vous donne un reflet de la bénédiction du Pape... Je suis entre les mains du bon Dieu... et vous aussi, mes filles, soyez à sa disposition.

— Mon Père, dit la Supérieure Générale, nous nous souviendrons de ce que vous nous avez recommandé si souvent : L'unité des esprits dans la vérité, et l'union des cœurs dans la charité.

— Oui, ma fille, c'est l'essentiel... Je vous bénis encore, et, en vous, toutes nos enfants.

Et quand Mère Marie du Saint-Sacrement, voyant le dernier moment approcher, entonna le *Salve Regina*, à ces paroles : *Mater misericordiae,* l'âme du fondateur monta vers Dieu...

Mais son esprit devait survivre sur la terre ; ce fut la mission de la fille de prédilection des deux fondateurs.

Je me souviens, dit une Sœur, de l'impression que je ressentis, le lendemain de ce 3 avril, rencontrant notre Mère dans le potager. La secrétaire l'attendait, ayant en main un paquet de lettres, de dépêches, et lui dit en quelques mots ce qui concernait chacune. Notre Mère répondit avec une netteté qui fit notre admiration. Elle trouvait si simple d'être à son devoir à tout instant, même aux heures qui auraient pu la trouver brisée.

Cependant, Dieu seul a pu savoir ce que fut pour Mère Marie du Saint-Sacrement l'absence du fondateur.

Elle ne s'en consola jamais.

Ce fut donc comme un dépôt sacré qu'elle reçut l'œuvre des mains mourantes du P. Pernet et de la Mère Marie de Jésus.

Continuer cette œuvre selon leur esprit, l'aimer de

plus en plus, s'y sacrifier jusqu'à en mourir, tel fut son programme après la mort des fondateurs.

Tout d'abord, elle perpétua leur souvenir dans le cœur de toutes ses filles.

Parler d'eux était un besoin de son âme :

L'esprit de sacrifice, mes bien chères filles, n'a-t-il pas été la base de notre famille religieuse ? Quand on entend lire la correspondance de nos fondateurs, ces débuts de l'œuvre où tout manquait au point de vue humain, n'est-on pas saisi devant ce courage, cette abnégation, cet esprit surnaturel qui nous ont faites ce que nous sommes actuellement !...

Quelle pauvreté ! Notre Père apportant à sa petite famille trois francs qu'on lui avait prêtés, puis six francs... et on allait de l'avant avec confiance, on se dévouait aux pauvres en comptant sur la Providence.

Voilà de la vertu ! Voilà de l'esprit de sacrifice ! Voilà de la sainteté. !

Oui, nos fondateurs étaient des saints ! Et maintenant il me semble qu'ils nous crient du haut du Ciel : « Mes enfants, marchez dans cette voie de la pauvreté, de l'humilité, de l'abnégation de vous-mêmes, ne dégénérez pas ! »

Autrefois, notre Mère écrivait à notre vénéré Père : « Ne me ménagez pas les humiliations, je vous en supplie, sans quoi, nous n'arriverons à rien ! »

« Vous aussi, mes enfants, vous devez travailler à élever dans vos âmes le niveau de la vertu. »

Qui s'entendait mieux à ce travail que Mère Marie du Saint-Sacrement ? Et comme elle savait prêcher d'exemple avant d'élever la voix pour le rappeler aux autres !

Quel culte pour toutes les traditions léguées par le fondateur ! Quelle dévotion filiale à les maintenir intègres, à les faire aimer des jeunes générations !

Quel attachement à l'Assomption ! à ceux qui furent

les chefs de cette Légion combattante du bon combat de la foi pour toutes les grandes causes !

Dans une réunion du 29 novembre 1913, Mère Marie du Saint-Sacrement disait à ses filles :

Dans l'éloge que Mgr Touchet a fait de Louis Veuillot à Montmartre, il a nommé le P. d'Alzon en lui donnant le nom qualificatif de « merveilleux pétrisseur d'hommes ». Quel hommage rendu à sa mémoire, et comme il est bien caractérisé dans ce mot ! Quels hommes, en effet, le P. d'Alzon a pétris ! Les grandes œuvres qu'ils ont faites les révèlent et disent bien haut le caractère de famille imprimé à tout enfant de l'Assomption.

Ne sont-ce pas des œuvres surnaturelles, hardies, désintéressées, que les pèlerinages, les alumnats, les œuvres de presse qui font rayonner la vérité sur toutes les parties du globe ?

Et pour en venir à notre vocation spéciale, n'est-elle pas une œuvre essentiellement surnaturelle, hardie et désintéressée ?

Ah ! mes enfants, qu'ils sont beaux nos traits de famille, ne les perdons pas ; ne les affaiblissons pas !

Nous sommes fières de nos ancêtres dans notre famille religieuse, mais eux, peuvent-ils être fiers de nous ?

Voyons ce qu'ils ont été et ce que nous sommes. Avec quelle foi ils ont entrepris leurs œuvres, avec quel courage ils ont persévéré, malgré les contradictions du monde et de l'enfer qui a mis tout en œuvre pour les ébranler !

Oui, ils ont été pétris de foi, d'énergie, d'humilité vraie, d'obéissance absolue, d'amour généreux envers Notre-Seigneur, se traduisant par un zèle ardent pour sa gloire, ses intérêts et ceux de la sainte Eglise.

Ces traits de famille doivent se retrouver dans chaque Petite-Sœur. Notre Vénéré Père ne nous la montre-t-il pas comme une enfant de la vérité faisant un grand signe de croix et se jetant dans la mêlée ? Elle doit être vaillante dans sa foi, forte de son obéissance, intrépide dans son zèle, ardente dans sa charité et son dévouement. C'est dans ces conditions qu'elle fera des merveilles.

Enfin, nous lisons dans le testament spirituel de Mère Marie du Saint-Sacrement, daté du 25 mars 1906 :

> Dépositaire des pensées de notre vénéré Père (malgré mon indignité), je dois affirmer ce qu'il m'a souvent dit lui-même et aussi ce qu'il y a dans mon cœur :
>
> Nous sommes nées à l'Assomption et de l'Assomption, nos âmes et nos œuvres en ont reçu l'esprit, nous avons vécu de cet esprit et nous ne devons pas cesser d'en vivre, sous peine de n'être plus les vraies filles de nos vénérés fondateurs. Nous resterons fidèles à nos origines, heureuses et fières de garder cet esprit...

Mère Marie du Saint-Sacrement aimait à voir en ses filles l'esprit assomptioniste dont parle le Directoire des Petites-Sœurs, c'est-à-dire des âmes données sans réserve, travaillant à refaire un peuple à Dieu par la conversion et l'éducation chrétienne du pauvre, de l'ouvrier et de sa famille.

IV

Vie intérieure

On peut attribuer l'influence personnelle qu'exerça sur ses filles Mère Marie du Saint-Sacrement et l'épanouissement que prit, sous son gouvernement, la Congrégation des Petites-Sœurs de l'Assomption, à l'intensité de sa vie intérieure profondément ancrée en Dieu.

Vers Celui que sainte Gertrude a appelé d'un mot exquis « le plus aimé de ceux qui sont aimés », tendaient toutes ses pensées. Du reste, la grande abbesse Bénédictine était une des saintes que la Mère affectionnait davantage et dont elle citait le plus volontiers les paroles.

Quel que fût le programme harcelant, l'enchaînement ininterrompu des multiples devoirs, il y avait toujours place, dans les journées de la Mère Générale, pour une longue visite au Saint Sacrement.

C'était la halte du cœur, indispensable au succès de l'action : c'était Marie n'oubliant pas « la meilleure part », n'oubliant pas la douceur de son nom et l'obligation de vivre ce qu'il impose.

Sous sa main silencieuse, la porte de la chapelle s'ouvrait et se refermait sans bruit ; la Mère s'avançait de quelques pas auprès de la table de communion, s'agenouillait, la tête profondément inclinée, et tout autour d'elle se dégageait une telle atmosphère d'adoration, de respect pour la présence divine, que les Sœurs priant auprès d'elle en étaient imprégnées, et celles qui arrivaient plus tard reconnaissaient tout de suite leur Mère, perdue dans l'intensité de son adoration. Leur prière était aidée de la sienne.

« Il y avait dans le cœur de notre Mère, écrit une supérieure qui vécut longtemps et intimement à ses côtés, de la délicatesse et de la fermeté, de la force et de la tendresse. Tout ce qui s'échappait de ce cœur avait le cachet de la sincérité : c'était pur et limpide comme le cristal. »

Ce cœur, tout donné à Dieu dès son enfance, n'avait fait, en avançant dans la vie, qu'accentuer davantage l'holocauste, en le rendant plus complet et plus libre.

Ce que fut l'intimité de ce cœur avec le Cœur divin ne nous a-t-il pas été révélé d'ailleurs par ce cri échappé de ses lèvres mourantes :

« Nous nous consumons l'un pour l'autre ! »

Cette pensée, notre Mère l'avait faite sienne depuis le jour où une pauvre Romaine, femme du peuple, l'avait dite à la Petite Sœur qui la soignait en regardant son Crucifix usé par le frottement.

Si consumano l'uno per l'altro. Ce joli mot avait été rapporté à Pie X qui en fut ému.

Depuis lors, Mère Marie du Saint-Sacrement aimait à le redire souvent.

N'était-ce pas cette intimité de tous les instants avec Notre-Seigneur qui la rendait si inébranlable, si égale à elle-même, si forte au milieu des épreuves de toutes sortes qu'elle supportait avec paix, douceur et silence.

Celles qui ont vécu dans l'intimité avec notre Mère sentaient que son cœur était au-dessus de cette faiblesse qui a besoin d'épancher sa douleur ; autrement dit, cette douleur ne cherchait à s'épancher que dans un cœur à cœur plus intime avec Notre-Seigneur.

Notre Mère disait un jour qu'elle avait demandé à une sainte âme de lui obtenir la grâce de ne jamais perdre la présence de Dieu. Et comme on questionnait : « Vous ne la perdez jamais, ma Mère ? », elle sourit et ne répondit pas.

Le secret de la force d'âme qui caractérisait notre Mère Marie du Saint-Sacrement était dans cet oubli total d'elle-même, dans son habitude de ne pas s'arrêter à ce qui la faisait souffrir. L'hostie savait qu'elle était faite pour l'autel.

C'était toujours le sacrifice pour elle, même dans sa vie spirituelle.

> Je ne connais que les voies très simples, disait-elle.
> Il ne me parle pas, je vis d'emprunt...
> Je puise dans la vie des saints et dans leurs écrits ce que je ne trouve pas en moi.

Elle était avide de se servir de tous les moyens pour attiser en elle le feu de l'amour divin.

Pendant quelque temps, nous lui avons vu garder sur son bureau les litanies de la Sainte Trinité pour en prendre chaque jour une invocation et en nourrir son âme.

Si elle disait qu'elle n'avait pas l'expérience de l'oraison très élevée, elle n'en était pas moins disposée à croire ce que d'autres disaient avoir éprouvé.

Un jour, elle confiait à une jeune supérieure qui débutait dans sa charge :

— Prenez ma petite prière, celle qui m'a soutenue dans mes premières années à Perpignan :

Mon Dieu, vous m'avez soutenue hier, vous me soutiendrez aujourd'hui. Celui qui m'a aidée hier ne me manquera pas aujourd'hui.

Cette confiance en Notre-Seigneur lui donnait un calme, une vaillance, une énergie qui parfois déroutaient ; on prenait cette maîtrise d'elle-même pour un manque de sensibilité.

Ce jugement était injuste et inexact.

Mère Marie du Saint-Sacrement sentait vivement, profondément, jusqu'aux larmes, mais ces larmes, elle savait, devant nous, les contenir.

J'étais aide-infirmière, écrit une Petite-Sœur, et j'occupai pendant un certain temps la cellule voisine de celle de notre Mère ; un soir, vers 10 heures, je crus entendre frapper au mur ; croyant notre Mère souffrante, j'entre vivement chez elle et je la trouve en sanglots, le regard fixé sur son Crucifix, avec une expression de douleur que je ne puis oublier .

— Ma Mère, je vous en prie, ne pleurez pas comme cela !

— Oh ! mon enfant, si vous saviez ! !...

A peine cette parole lui était-elle échappée, que, redevenant en un instant telle que nous la voyions toujours, elle me dit en me faisant une petite croix sur le front et dans un sourire plein de douceur :

— Vous m'avez vue dans un moment de faiblesse, gardez-le pour vous, et allez vous reposer.

Ce soir-là, comme tous les soirs, sa peine resta le secret de son Crucifix.

Depuis ce temps, je remarquai que plus notre Mère souffrait, et moins elle le montrait, et il fallait la connaître bien intimement pour savoir jusqu'où pouvait aller la sensibilité de son cœur.

Jamais un mot d'amertume, jamais l'ombre d'un ressentiment, jamais un épanchement naturel de sa souffrance. L'avait-on devinée ?... Se permettait-on d'y faire allusion ?

— Vous avez compris... oui, mon cœur est entouré d'épines ; priez Notre-Seigneur !

Elle était habituellement unie aux douleurs de la Passion, et quand elle en parlait, sa physionomie prenait une expression de souffrance.

Elle lisait souvent les passages de Catherine Emmerich ou de Sœur Aimée de Jésus sur les angoisses du Cœur de Notre-Seigneur. « Qu'ils sont heureux, les saints, disait-elle, d'avoir su traduire si parfaitement l'amour de Notre-Seigneur et la profondeur de ses souffrances pour nous ! »

Plus tard, sur son lit d'agonie, elle s'écriera : « Mon Dieu, combien vous avez été bon de passer par toutes ces souffrances !... »

Les saints étaient ses amis ; elle goûtait leurs écrits, leurs maximes, avait pour eux une admiration attendrie et le culte de leurs reliques.

Les pèlerinages à leurs tombeaux avaient pour son âme une attraction très particulière ; elle s'y préparait par le recueillement, la ferveur, réfléchissait sur les grâces à leur demander, sur les vertus qu'ils avaient pratiquées et qu'ils seraient disposés à obtenir pour leurs dévots.

Ses instructions à la communauté sont, en effet, nourries de textes tirés de l'Evangile ou de la vie des saints.

Elle s'était adaptée d'autant plus facilement à leur doctrine qu'elle vivait avec ses saints préférés dans une intimité familière et affectueuse. Saint Thomas d'Aquin, saint Augustin, sainte Thérèse, sainte Gertrude, sainte Marguerite-Marie avaient ses prédilections.

Elle avait aussi la dévotion au « saint du jour », celui qu'honore la liturgie ; elle en faisait le compagnon de sa journée ; de cette façon elle s'unissait à l'Eglise tout entière et cette pensée lui était douce.

Elle avait une particulière dévotion au Sacré Cœur, aussi revenait-elle souvent sur « la délicatesse dans l'amour envers Notre-Seigneur », sur la réparation envers la justice outragée, l'amour méprisé. Avec quels accents elle répétait la douloureuse plainte de Notre-Seigneur à sainte Marguerite-Marie.

Sa confiance dans le Cœur de Jésus se traduisait par un abandon complet à son bon vouloir.

Elle aimait à commenter ces paroles du P. Pernet dans un moment d'épreuve : « Nous voici complètement entre les *seules* mains de Dieu. »

> Remarquez ces mots, mes filles, les *seules* mains de Dieu ; que sont donc toutes les mains humaines à côté des *seules* mains de Dieu ?
>
> Le serviteur ne peut prétendre être mieux traité que le Maître ; Dieu sait ce qui nous est bon, nous n'avons qu'à baiser la main qui ne frappe que pour guérir.

L'heure vint où, comme Notre-Seigneur, elle dut épuiser la lie de son calice.

Atteinte dans la délicatesse de ses affections, elle sentit de douloureuses épines s'enfoncer dans son cœur de Supérieure et de Mère. Mais, forte dans l'épreuve, elle voila d'un indéfectible silence la fragilité humaine pour ne plus laisser parler que son cœur, et avec une patience inlassable elle poursuivit sa mission, cachant jalousement des misères dont Dieu seul connut l'acuité et la douleur.

Et comment auraient-elles pu distiller la moindre goutte d'amertume ces lèvres qui prononçaient un *Fiat* perpétuel ? Et ce cœur toujours si intimement uni au Cœur de son Dieu n'avait que des battements de compassion et de miséricorde.

C'est du Cœur de Notre-Seigneur qu'elle puisait cette longanimité dans le support.

La Mère Marie-Madeleine, qui vécut longtemps aux côtés de la Supérieure Générale, disait : « Je n'ai jamais vu quelqu'un d'aussi exercé que notre Mère et qui ne perde jamais la patience. »

A cette patience, mortification de tous les instants, Mère Marie du Saint-Sacrement ajoutait des austérités dignes des Pères du désert.

J'ai été bien souvent témoin des pénitences excessives qu'elle s'infligeait, dit une Sœur infirmière, ayant été pendant douze ans sa voisine de cellule ; je l'entendais chaque jour, et souvent deux fois par jour, prendre la discipline, Dieu sait avec quelle énergie ! J'étais peut-être indiscrète, mais plusieurs fois j'ai compté les coups ; ordinairement, trois à quatre cents coups ; mais pendant le Carême les disciplines se prolongeaient : un Vendredi-Saint, j'ai compté plus de huit cents coups, et ce jour-là il y avait des traces sur le parquet.

Je l'ai surprise une fois avec un morceau de verre, grattant le plancher pour faire disparaître les traces de sang...

Notre Mère se servait de disciplines armées de pointes de fer... J'en connaissais de trois différentes sortes, et je me demandais souvent comment un corps si frêle pouvait supporter de si grandes austérités, car elle portait aussi le cilice, la ceinture et un bracelet de fer... Plusieurs fois, je me suis permis de lui dire qu'elle n'était pas raisonnable, fatiguée comme elle l'était, de faire des pénitences excessives. Je lui dis :

— Ma Mère, il faut nous en donner un peu plus et vous ménager, nous avons besoin de vous.

Elle me répondit en souriant :

— C'est l'avantage d'être Mère...

La Sœur infirmière eut alors recours au P. Pernet, mais sans succès. « Laissez-la faire, mon enfant, votre Mère connaît le prix des âmes. »

« Un jour — c'est encore la Sœur infirmière qui parle — je soignais notre Mère qui avait subi l'opération de l'appendice en 1909 ; je lui dis :

— Ma Mère, vous devez avoir de la peine aujourd'hui, vous n'êtes pas comme d'habitude ?...

— Je vous remercie de me le dire, mon enfant, il ne faut jamais que l'on s'aperçoive au dehors de ce qui se passe au dedans.

Pendant l'année terrible où la persécution se faisait plus violente, deux ou trois fois par semaine cette chère Mère me demandait de la réveiller à 4 heures du matin, afin d'aller à la chapelle supplier Notre-Seigneur de nous garder notre chère vie religieuse.

— Vous viendrez avec moi, mon enfant, vous savez que je ne suis pas brave par nature...

Toutes les stalles craquaient pendant que nous étions là, on aurait dit qu'il y avait quelqu'un à la chapelle... je la rassurais de mon mieux :

— Ma Mère, c'est le bois qui travaille...

Nous allions alors tout près du tabernacle, à genoux sur la marche de l'autel. Notre Mère priait les bras en croix jusqu'à 5 h. 1/4, puis elle se mettait dans sa stalle et personne ne se doutait qu'elle avait devancé le réveil.

Je lui demandai un jour ce qu'elle disait sur chaque grain de son chapelet qui roulait si vite entre ses doigts ; elle me répondit qu'elle récitait un chapelet de louanges, disant sur chaque grain : *Laudate Dominum in sanctis ejus*, s'unissant aux louanges des saints, puis aux esprits bienheureux : *Laudate Dominum angelis et archangelis*... puis à la Sainte Vierge et à saint Joseph.

Deux fois ses forces la trahirent ; j'approchai une chaise pour la faire asseoir et lui fis respirer de l'eau de mélisse... La première fois c'était en la fête de sainte Thérèse, la seconde en celle de sainte Gertrude...

Je ne savais si c'était une défaillance ou bien une extase... En tout cas, je n'étais pas fière, me demandant ce qui allait arriver.

Dans la journée, je lui dis combien j'avais été effrayée de la voir si pâle, si défigurée, et que désormais je ne la réveillerais plus le matin.

Cela dura quelque temps, puis il fallut recommencer...

Notre Mère, ajoute une autre de ses filles, avait un grand esprit de détachement ; elle n'avait rien à elle et ne tenait à rien.

Pauvre de cœur, elle était pauvre aussi dans la pratique de sa vie, utilisant, épargnant tout ce qui se trouvait à son usage, mettant de côté avec ordre les enveloppes décachetées, les feuilles de papier blanc pouvant servir encore. Elle épargnait une allumette et, durant toute sa vie, s'habilla dans l'obscurité à 5 heures du matin, ce qui est une bien grande mortification.

Elle était toujours irréprochable dans sa tenue, ne demandait aucun service autour d'elle, faisant tout par elle-même avec une précision remarquable.

L'extérieur, chez elle, était vraiment la révélation de la perfection de son âme.

Bien entendu, saint Joseph, le Pourvoyeur attitré des communautés en détresse, était un de ses grands amis ; mieux encore, elle en avait fait son homme d'affaires, pensant avec raison que les bras qui avaient porté l'Enfant-Dieu et travaillé pour lui devaient être bien puissants !

Pour la Sainte Vierge, sa dévotion était de la tendresse filiale.

A cette bonne Mère, elle avait confié ses soucis durant la persécution religieuse en France ; elle avait fait un pacte avec la Reine du ciel pour que toutes les maisons de France soient conservées. Ce pacte, elle le renouvelait chaque année solennellement au 8 septembre.

Et la tradition en est conservée.

L'ange gardien de notre Mère, dit une de ses filles, était son compagnon de route, son réveille-matin ; on ne saurait croire tous les services qu'il lui rendait.

Elle avait coutume de dire : « Je dois cela à mon bon ange... Ce cher ange, combien je serai heureuse de le voir un jour !

Avec quelle insistance elle suppliait de ne pas attrister ce fidèle ami de notre âme !

J'ai lu un jour une gracieuse poésie représentant le retour de l'archange Gabriel au ciel après l'Annonciation : « Elle a dit oui », dit-il à la Trinité sainte... Sans doute, ceci est une image, mais ne cache-t-elle pas une réalité ?

Quelle joie dans le ciel après le *Fiat* de la Sainte Vierge !

Mes bien chères Filles, si par impossible l'ange Gabriel

avait transmis au ciel un « non », quelle désolation... ce n'aurait plus été le ciel !... Notre bon ange nous est sans cesse envoyé de la part de Dieu pour nous transmettre sa volonté. Quelle sera la réponse de cet envoyé céleste ? Pourra-t-il revenir joyeux en disant : « Elle a dit oui » ? Je lui ai demandé de garder le silence, elle a dit oui ; de pardonner une offense, elle a dit oui ; d'accepter un changement, elle a dit oui...

Oh ! je vous en prie, que jamais votre ange gardien n'ait à rapporter un non en réponse à Dieu.

Enfin, l'âme de Mère Marie du Saint-Sacrement, formée à la vie religieuse par le P. Pernet et la Mère Marie de Jésus, était tout imprégnée de leurs exemples et de leurs vertus.

Elle était si fière d'eux !

Notre œuvre est fille de la prière de notre vénéré Père, disait-elle ; nous sommes nées à l'heure de l'encens. Oui, c'est pendant la prière par excellence, le saint sacrifice de la messe, que notre vénéré Père comprit ce que Notre-Seigneur voulait de lui. A ce moment nous étions fondées.

V

Zèle pour la sanctification de ses Filles

Depuis longtemps, Mère Marie du Saint-Sacrement s'était rendue esclave du devoir ; rien ne la détournait de cette ligne droite qu'elle se traçait elle-même, et rien ne lui permettait d'échapper à la moindre obligation de sa charge.

Partout où elle devait être, elle y était, et avec une ponctualité, une exactitude qui ne supportait pas une minute de retard.

Où elle devait paraître, elle paraissait ; ne disait-elle qu'un mot, ce mot tombait si juste, si lumineux, si bienveillant que, selon le conseil de notre vénéré Père, elle semblait ne vouloir approcher de quelqu'un que pour lui faire du bien.

Et son regard profond avait aussi quelque chose de résolu. En les voyant levés sur soi, ces yeux, on avait tout de suite une révélation de son âme. Il y avait, par derrière cette douceur, une force singulière, tenace, pour défier l'obstacle et pour en triompher.

Elle avait le don du gouvernement, et sa petite main fine, perdue d'ordinaire dans les grandes manches noires, savait tenir le gouvernail et le maintenir dans la direction voulue par Dieu.

Mère Marie du Saint-Sacrement conduisait ses filles suavement et virilement.

Elle les voulait saintes. Auprès d'elle, il fallait avancer. Chaque année elle donnait un « mot d'ordre » destiné à faire faire un pas en avant dans les voies de l'Amour divin.

Durant les années de persécution, sa devise était :

Plus de confiance que de soucis.
Plus d'amour que de crainte.

Il n'y a, expliquait-elle, de crainte salutaire que celle de déplaire à Dieu, les autres ne valent rien. N'ayez pas même celle de vos ennemis ; vous menaceraient-ils de toutes les persécutions et de la mort, il ne faut pas les craindre. Ainsi dilatées dans l'amour et la confiance, vous volerez vers la perfection.

Se conformant à ce programme, la Mère Générale avait dit déjà :

Nous resterons sur notre navire « la Confiance », voguant sous le regard de Dieu et la protection de la Très Sainte Vierge notre Mère : *Ad Jesum per Mariam.*

Et l'année suivante :

Maintenant que nous sommes à Jésus, Marie nous fait dire : *Ecce ancilla Domini.*

Oh ! que la sainteté entrerait vite dans l'âme de la Petite-Sœur à mesure que sortirait de ses lèvres l'*Ecce ancilla Domini*, dans toutes les circonstances de sa vie ! Ces paroles, nous devons les dire dans les mêmes sentiments d'amour qui animaient le cœur de la Sainte Vierge en face de toutes les volontés divines. Oui, plus que jamais, unissons notre vie à la sienne, notre cœur au sien, ne cessons d'aller à Jésus par elle et avec elle, pour l'aimer et le servir.

Toute la dévotion de Mère Marie du Saint-Sacrement pour la Vierge des vierges passait dans ces lignes, et aussi toute sa dévotion à cette prière de l'*Angelus* qui devait marquer les heures les plus solennelles de sa vie.

Au Sacré-Cœur, nos âmes ! A Notre-Dame, nos vies ! A saint Joseph, nos affaires !...

Ce fut le mot d'ordre de 1911.

D'autres succédèrent :

Ces deux mots d'ordre semblent n'en faire qu'un :

La charité de Jésus-Christ me presse.

J'irai au sacrifice sans peur ni lâcheté.

Mais pour avancer encore, que faire de plus ?

Mes bien chères filles, ce qu'il faut faire, c'est de devenir nous-mêmes des victimes du sacrifice, c'est d'être toujours dans la disposition de l'immolation, de telle sorte qu'en face de la divine Hostie nous nous écriions avec amour : *Hostia pro Hostia !*

L'Hostie, elle, est petite, soyons humbles ; elle est blanche, soyons pures ; elle est dénuée de tout, soyons pauvres ; elle est dépendante de tout le monde, soyons obéissantes...

Se dévouer à un emploi dans l'intérieur de la communauté, c'est l'Hostie dans le tabernacle ; si la mission nous appelle, c'est l'Hostie portée aux malades ; si la maladie vient nous atteindre, c'est alors l'Hostie immolée sur l autel du sacrifice. Tout cela par Jésus-Christ, avec Jésus-Christ et en Jésus-Christ !

Et si Notre-Seigneur veut encore plus ! Lui refuserions-nous ? Que Notre-Seigneur nous tienne bien entre ses mains divines, qu'il nous presse sur son Cœur, qu'il nous immole à son amour ! Qu'il nous absorbe en lui ! Laissons-le faire ! S'il est notre Victime, nous sommes les siennes !

Opportet illum regnare !

Il faut qu'il règne ! oui, il le faut ! c'est le droit souverain, absolu, de Notre-Seigneur.

Loin de s'éclaircir, l'horizon se charge de plus en plus ; la justice divine n'est pas encore satisfaite, parce que c'est à genoux que l'on doit demander pardon, et les genoux, hélas ! ne fléchissent pas !

Pourtant notre foi et notre confiance restent inébranlables, parce qu'à travers ces nuages nous apercevons le signe du salut : c'est le Cœur de Notre-Seigneur... Oui, c'est par lui que nous serons sauvés...

A tous les cris de l'impiété qui renient Dieu, à tous les blasphèmes qui l'outragent, à la haine qui le poursuit, à la douleur révoltée, nous répondrons par ces paroles enflammées : *Opportet illum regnare !*

Avant de proposer à la Congrégation de faire partie de l'Archiconfrérie de Prière et de Pénitence de Montmartre qui tentait sa générosité, la Mère Générale réfléchit longuement et voici comment sa résolution se détermina, selon qu'elle le raconta à une de ses filles peu de jours avant sa mort :

Savez-vous comment Notre-Seigneur a mis sa signature à cette résolution ?...

J'étais très perplexe, et comme Supérieure Générale, je me demandais si je devais introduire une dévotion particulière dans la Congrégation, malgré qu'elle n'obligeât à rien de plus et qu'il ne s'agît que de disposer seulement de l'intention de sa journée.

Enfin, je dis à Notre-Seigneur : « Mon bon Maître, je commence demain ma journée de réparation. » Ce lendemain jeudi, on me ramenait de Creil en voiture d'ambulance avec l'appendicite ; c'était la signature du bon Dieu.

La crise aiguë, l'opération qui suivit gardèrent de longs mois immobilisée Mère Marie du Saint-Sacrement.

Lorsqu'elle reparut vaillante au milieu de ses filles en février 1920, le Carême était proche, les Quarante-Heures invitaient à la ferveur.

Sa première instruction porta sur le projet qui lui tenait au cœur et que devaient embrasser à l'unanimité les Petites-Sœurs à la suite de leur Mère.

Je reviens au milieu de vous avec le plus ardent désir de vous aider à vous sanctifier ; aussi ai-je bien demandé à Notre-Seigneur de m'inspirer ce que je devais vous dire ce soir.

Notre-Seigneur manifeste son désir de répandre sur le monde entier (et en particulier sur la France) les flots de son amour ; il indique les grands moyens de salut : la prière et la pénitence.

Ses mains sont pour ainsi dire liées par la justice divine, et il fait appel à toutes les âmes de bonne volonté pour les presser d'unir leur amour à son amour, leurs expiations à ses expiations, et de donner à la justice divine ce qu'elle attend encore, afin de lui permettre de verser sur le monde les trésors de sa miséricorde...

N'est-ce pas touchant de voir Notre-Seigneur nous solliciter ainsi ?...

Il nous poursuit de son amour, alors que les méchants le poursuivent de leur haine. Au débordement d'iniquité, il faut opposer la digue de la prière et des expiations réparatrices. Pour enrôler un plus grand nombre d'âmes dans cette armée pacifique, l'Archiconfrérie de Prière et de Pénitence a été établie à Montmartre, d'après le désir de Notre-Seigneur lui-même. Quelle part d'expiation peuvent donc apporter les âmes consacrées à la prière, à la pénitence, à l'apostolat !...

En vous parlant ainsi, mes bien chères filles, j'accomplis un devoir, mais un devoir bien doux. Maintenant, je dois ajouter que rien ne vous est imposé ! Vous agirez en toute liberté... Vous traiterez cela avec Notre-Seigneur. Toutefois, je ne puis m'empêcher d'envisager avec bonheur quel élan de ferveur ce serait pour toute la Congrégation si nous donnions à notre vie cette impulsion de prière et de pénitence.

Le jour consacré à la réparation est un jour sanctifié. Et ces journées se multipliant, on prend l'habitude de la vertu, on devient saint. Si, à la maison-mère et dans toutes nos maisons, il y avait tous les jours une sainte, quelle grâce !...

Les retraites annuelles de ses filles étaient pour Mère du Saint-Sacrement l'objet de sa sollicitude et de sa préoccupation maternelle.

Bien doux est le « revoir » qui ramène alors à Grenelle tout un vol d'hirondelles, radieuses de retrouver le clocher du berceau. La maison-mère tout entière s'enveloppe d'une atmosphère de ferveur dont les âmes s'imprègnent dès le premier jour.

A la chapelle, comble, tant en bas dans les stalles qu'à la tribune, il ne reste pas un petit coin libre sans une âme en prière. Les pierres chantent la gloire de Dieu et sa bonté.

Ces dix jours de clôture, la Petite-Sœur ne s'adresse plus qu'au Seigneur et n'entend plus que sa voix : ils s'écoulent en tête à tête avec celui qui promet, dans la solitude, de venir nous parler au cœur.

Je le sais, disait la Mère, c'est avec joie que vous venez à la retraite ; il fait si bon se reposer aux pieds de Notre-Seigneur ! D'ailleurs il nous y invite lui-même.

Vous ne venez pas seulement pour vous reposer, mais pour travailler : réaliser ce passage de l'Evangile où il est dit que « les apôtres étaient dans leurs barques raccommodant leurs filets ». N'est-ce pas là, mes bien chères filles, l'image d'une Petite-Sœur en retraite ?...

Ne sommes-nous pas des apôtres ? Tous les jours nous devons aller à la pêche des âmes. Mais, par quels moyens les gagner ? Quel est le filet de la Petite-Sœur ?

Nous le savons bien ; on nous l'a assez souvent répété : c'est la prière, la mortification, la charité bien observée, le dévouement surnaturel ; c'est la règle soigneusement gardée, afin que les mailles de notre filet étant bien serrées, il n'y ait pas d'ouverture par où les poissons puissent se perdre. Que de mailles échappées peut-être ?

L'important est de bien découvrir l'endroit. Est-ce du côté de la prière ? Ah ! mes bien chères filles, fortifiez cette maille de la prière.

Une Petite-Sœur qui n'a pas une âme de prière ne sera jamais une apôtre. Une Petite-Sœur doit être aussi une âme bien habituée à la mortification, c'est le meilleur hameçon pour attirer les âmes dans le filet.

N'y aura-t-il pas encore quelques mailles relâchées à raccommoder ?...

Il en coûte toujours de se gêner... Fermer à temps les fenêtres de son âme, exercer cette retenue si nécessaire à une vierge, à une âme consacrée... Resserrons, resserrons les mailles de notre filet ; pas de laisser-aller.

Que faut-il encore à une Petite-Sœur apôtre ? Le zèle ! La préoccupation des pêcheurs, c'est de prendre beaucoup de poissons.

Ah ! mes bien chères filles, que votre zèle ne se ralentisse pas !... Raccommodez bien ce côté du filet : si votre zèle s'est attiédi, la retraite doit l'échauffer, le raviver.

Une fois les filets raccommodés, la petite barque s'élancera de nouveau en pleine mer, sans craindre la tempête qui s'annonce, et vous les jetterez, ces filets, pour faire une pêche qui sera d'autant plus miraculeuse que vous aurez les vents contraires.

Confiance ! Notre-Seigneur est avec vous, en ce moment de retraite, au bord du rivage, comme il y sera en pleine mer pour vous aider à surmonter les écueils ; l'essentiel est de bien rester avec lui !...

Et à l'ouverture de la retraite de juin :

Nous voici au moment le plus solennel de l'année : celui où vous répondez à un appel tout spécial de Notre-Seigneur pour entrer avec lui en retraite.

Je voudrais que vous fassiez une retraite toute d'amour, et pour cela que vous la fassiez dans le sacrifice.

Le Cœur de Notre-Seigneur n'est-il pas appelé un sanctuaire, un asile, un refuge, une demeure ? Où donc serez-vous mieux que là pour comprendre combien vous êtes aimées et comment vous devez aimer !

Je ne crains pas de dire que toute la retraite est dans cette pensée bien comprise.

Les changements à apporter dans votre vie, c'est d'y mettre en tout plus d'amour...

La pratique de la charité était sa grande préoccupation. Cette vertu devait être l'âme de chaque communauté de Petites-Sœurs.

N'oubliez pas, disait-elle en souriant, que chez nous il n'y a pas de Sœurs converses et que nous sommes toutes des Sœurs de « cœur ».

Durant les longues années de son généralat, Mère Marie du Saint-Sacrement fut l'âme de la Congrégation. Si elle connut les épreuves, elle eut aussi de grandes joies, celle surtout de constater la ferveur régner dans sa famille religieuse. Encourager et maintenir cette ferveur était sa plus grande préoccupation.

Ecoutons un écho de la maison-mère

La veille de toutes les solennités, sous l'égide des fondateurs, devant leur tombe, la Mère Générale préside le Chapitre des fêtes. Avec sa gravité sereine et souriante, elle domine les longues rangées de professes, de novices, de postulantes.

Toutes ces Petites-Sœurs, elle les connaît, elle les a reçues, elle les a formées ; combien elle est heureuse de voir l'œuvre s'agrandir tous les jours et de pouvoir s'écrier, à la suite du P. Pernet :

« Mes enfants, votre œuvre est bénie de Dieu, il vous fait devenir anges et apôtres dans le monde entier, qu'il soit catholique, hérétique, schismatique ou païen, il n'y a pas d'exception. Quelle prétention, n'est-ce pas ?

Ah ! si nous l'aimions, ce cher Sauveur ! Si, fidèles à ses grâces, nous devenions des saints, l'univers n'aurait plus de barrières, les empires, plus de frontières, nous irions partout prêcher Jésus-Christ et y planter sa croix, partout vous qui gagneriez des âmes !

Vous me trouverez peut-être insensé dans mes rêves d'amour pour le règne de Notre-Seigneur, ou d'une ambition démesurée quand il s'agit de vous, mes enfants, et de ce que je voudrais de vous par la grâce de Dieu : c'est vrai, nous ne sommes rien, mais au moins ne nous bornons pas dans nos désirs ; que les élans de nos cœurs et de notre foi soient immenses, infinis, quand il s'agit de Notre-Seigneur, de sa gloire, de son règne et de son amour en nous et chez tous les peuples de la terre. »

Mes chères filles, ajoutait Mère Marie du Saint-Sacrement, après avoir lu ces lignes, si on demandait à chacune de vous en ce moment, à l'heure du sacrifice : « Quels sont vos rêves d'amour pour le règne de Notre-Seigneur ? » que répondriez-vous ?... Examinez-vous et mettez votre cœur en harmonie avec celui de notre vénéré Père, au moment où il écrivait ces pages débordantes de zèle et d'amour !...

Son cœur à elle battait bien en harmonie avec celui des fondateurs : le règne de Notre-Seigneur en était le passion ; aussi combien se réjouissait-elle des succès obtenus à la mission et que lui rapportaient les apôtres de la maison-mère et de tous les centres !

Elle exerçait son apostolat sur sa grande famille religieuse : c'était son vaste champ d'action. Elle aimait à rappeler cette parole des Cantiques : « Attirez-moi, nous courrons »... Comme tous les saints, elle sentait la force de l'attirance divine. Elle courait vers la perfection et voulait entraîner à sa suite la légion virginale dont le Maître l'avait chargée.

« Ma Mère, lui dit un saint religieux Trappiste, vous avez, vos fondateurs et vous, porté bien haut vos filles : tâchez qu'elles soutiennent toujours ce vol d'aigles. »

VI

Développement de l'Œuvre

Quand Mère Marie du Saint-Sacrement arriva à Grenelle en 1875, les Petites-Sœurs ne dépassaient guère la la cinquantaine : elles ne se dévouaient qu'à Paris et dans la banlieue.

A son élévation comme Supérieure Générale en 1883, il n'y avait que 14 maisons existantes avec la maison-mère, une seule à l'étranger, celle de Londres, fondée par le P. Pernet lui-même avec toute la joie de son âme d'apôtre.

Quand Dieu rappela à lui notre Mère, 57 couvents de Petites-Sœurs existaient sous le ciel de partout « et par tout, elle avait passé elle-même pour constater l'accroissement que Dieu donnait à la semence jetée au grand vent de l'Esprit-Saint ». Avec une confiance illimitée en saint Joseph, un abandon aveugle et tout filial envers la Providence, les Petites-Sœurs, presque chaque année, partent pour une fondation nouvelle.

Les débuts sont toujours humbles, très pauvres.

Si nous ouvrons les annales, nous lisons :

« *Lyon, novembre* 1883. — On pose un petit poêle dans l'appartement, et, en attendant que la Providence nous envoie du coke et du bois, nous tâcherons de nous réchauffer rien qu'à le regarder. On enfonce les lits pliants dans les armoires pour gagner de la place.

» La mission s'annonce belle, dit la Supérieure, je suis heureuse de courir après ces âmes égarées pour les ramener au bon Dieu... Nous souffrirons et nous tâcherons de nous montrer dignes d'être apôtres.

» Déjà les prêtres, quand on les appelle dans des intérieurs hostiles, demandent que la Petite-Sœur aille auparavant préparer les voies, réveiller la foi des malades. »

« Vous êtes nos Sœurs dans le sacerdoce », dit un jour à Mère Marie du Saint-Sacrement un membre influent du clergé lyonnais (1). Ce mot, s'il n'était tombé des lèvres d'un prêtre, on n'oserait le répéter, mais il révèle la sublimité de la mission de la Petite-Sœur « qui doit tracer son sillon dans l'humilité », ainsi que le disait la Supérieure Générale en les envoyant en fondation.

Jour par jour, les Petites-Sœurs de Lyon narrent à leur Mère les douceurs des commencements : leur Messe à Noël, car « le bon Dieu est à la chapelle et c'est le bonheur à la maison ».

Au bout de deux ans, Lyon réclame une seconde fondation. « Il faut patienter », dit la Mère, mais l'attente prépare mieux encore, car Lyon a maintenant trois maisons de Petites-Sœurs.

En 1891, le cardinal Richard, venu à Grenelle pour la réunion de la Fraternité, le dimanche de *Quasimodo*, bénit les six partantes qui allaient être les pierres de fondation de l'Amérique.

On leur souhaitait la même réception chaleureuse qu'aux Irlandaises accueillies avec une si paternelle bienveillance par l'archevêque de Dublin. Les Petites-Sœurs

(1) Mgr Lavallée.

trouvaient à la gare la voiture de Mgr Kennedy qui les amenait directement chez lui. Leur couvent les attendait... C'était une grande maison préparée pour vingt Sœurs, et les quatre qui s'y installaient s'y trouvèrent bien perdues.

Dans la rue, chacun s'approchait d'elles pour leur souhaiter la bienvenue.

Mère Marie du Saint-Sacrement se plaisait à raconter qu'une enfant de deux ans soignée par nos Petites-Sœurs de Cork, dès leur arrivée en cette ville, voulait entrer à la chapelle chaque fois qu'elle passait dans la rue du couvent ; elle frappait fort et criait à travers la serrure : « Dieu Saint, c'est Maggie qui passe ! », et elle envoyait des baisers.

Les Petites-Sœurs aiment à se rappeler les cérémonies faites en famille, avec leur Mère Marie du Saint-Sacrement, pour la pose d'une première pierre à l'occasion de la construction désirée.

« Notre chère Mère s'armait elle-même de la pioche.

» — Eloignez-vous, mes enfants, disait-elle en la brandissant au-dessus de sa tête, garez-vous que je ne vous attrape pas.

» Et, le trou creusé, elle y mettait la pierre pendant que la communauté psalmodiait le *Nisi Dominus*.

» — Maintenant, ajoutait-elle, n'oubliez pas que, pour qu'elle pousse, il faut l'arroser d'actes de vertu. »

Et les pierres ont poussé un peu partout. Au mois de décembre 1902, Rome vit arriver les premières Petites-Sœurs qui s'installèrent au quartier du Testaccio.

Un an après, leur Mère vint les visiter.

En vraie fille de l'Eglise, elle aimait Rome, et la Ville Eternelle avait pour elle d'incomparables attraits.

Elle écrivait à ses filles le lendemain de son arrivée, décembre 1903 :

Nous voici à Rome ! Je viens, malgré mon indignité, nous présenter officiellement à la sainte Eglise pour la servir.

Je viens de demander au Saint-Père de bénir nos œuvres : la prière et la charité, notre vie religieuse et notre apostolat, afin que cette bénédiction fortifie l'une et l'autre et que nous mettions désormais au service de la sainte Eglise des cœurs de saintes et des âmes d'apôtres, alors que la charité se refroidit et que les âmes sont en plus grand danger de se perdre...

Voilà, mes bien chères filles, l'intention plus spéciale qui m'anime et à laquelle je vous demande de vous unir de toutes les puissances de votre âme. J'aurais voulu pouvoir entonner le *Credo* en entrant à Saint-Pierre, mais, du moins, je l'ai dit du fond du cœur auprès du tombeau du saint apôtre.

Aujourd'hui, départ pour Lorette. Je bénis Notre-Seigneur de m'accorder cette grâce. L'Annonciation est mon mystère de prédilection. Le *Fiat* est, je puis dire, le mot d'ordre de ma vie ; aussi avec quelle joie je le redirai au lieu même où il fut prononcé avec tant de perfection par la Très Sainte Vierge !

C'est là, mes bien chères filles, que je prendrai toutes vos volontés pour les offrir à Notre-Seigneur. Qu'il les ait tout entières et qu'il ne s'échappe jamais de nos cœurs que l'*Ecce ancilla Domini* en réponse à tous ses vouloirs divins.

Une pensée m'a frappée ces jours-ci, je veux vous la communiquer pour le bien de vos âmes. C'est sous le pontificat de Pie IX que notre Congrégation a pris naissance. Sa devise était : *Crux de cruce.* N'était-ce pas au début de notre fondation comme sa vie purgative ? Que de peines, de labeurs, de difficultés de toutes sortes, pour nos bien- aimés fondateurs !

Sous le pontificat de Léon XIII, *Lumen in coelo*, c'était, pour notre famille religieuse, la vie illuminative : les grâces de l'approbation qui nous consacraient définitivement en étaient le rayonnement. Et maintenant, nous arrivons avec Pie X, *Ignis ardens*, à la vie unitive. C'est par une charité ardente que nous ne ferons plus qu'un avec l'Eglise, avec le Pontife suprême, prenant une part plus grande que jamais aux maux de l'Eglise, à ses persécutions, aux souffrances de son Chef aimé. Il me semble, mes bien chères filles, que Notre-Seigneur nous demande cela et que cette pensée m'est inspirée par notre bon Père qui nous voulait tant les enfants de l'Eglise et du Pape.

Le 18 décembre, Mère Marie du Saint-Sacrement était aux pieds de Pie X qui semblait connaître notre œuvre comme s'il en eût toujours suivi le développement. Il accueillit notre chère Mère avec bonté, puis fit signe de faire entrer toutes les Petites-Sœurs ; en un instant la communauté de Testaccio au complet fut à ses pieds...

Oui, je bénis toutes vos œuvres, nous dit-il, *votre mission est belle et plaît à Notre-Seigneur. Continuez à vous dévouer auprès des pauvres, des malades, de tous les malheureux. Enseignez aux ouvriers l'amour du travail dont vous leur donnez l'exemple. Je bénis vos Fraternités qui les maintiennent dans la bonne voie.*

Je bénis aussi ces dames, qui, avec la noblesse de leur rang et sous leurs riches vêtements séculiers, veulent s'appeler les Servantes des Pauvres.

Notre Mère avait remis son adresse au Saint-Père qui, en ayant tourné les pages aux fines enluminures, sourit très particulièrement au nom de la maison de Rome inscrite aux tableaux des résultats obtenus dans la mission jusqu'en 1903. On y lisait :

Malades soignés..............	66 494
Conversions..................	63 712
Baptêmes.....................	16 189
Premières Communions......	7 269
Mariages régularisés..........	14 576
Enfants légitimés.............	12 479

En résumé, 221 162 œuvres de miséricorde spirituelle, pour 66 494 œuvres de miséricorde corporelle.

Oh! oui, vous faites une bonne œuvre, continua le Pape, *une œuvre que Notre-Seigneur aime. Ayez bon courage et soyez joyeuses. Vous ne travaillez pas pour les hommes, mais pour Dieu... C'est son œuvre que vous faites, votre récompense sera bien grande un jour.*

Ce fut la première audience de Pie X accordée aux Petites Sœurs ; dans la suite, ces audiences se multiplièrent.

Une lettre de Rome, écrite à ses filles, nous dira comment Mère Marie du Saint-Sacrement appréciait les grâces de son séjour dans la Ville Eternelle.

Nous rentrons du Vatican, après avoir assisté à la Messe du Pape et reçu la sainte Communion de sa main ! Avant 6 heures, une voiture nous déposait à la Porte de Bronze.

Dans la chapelle intime du Saint-Père, quel recueillement lorsqu'il entre, précédé des gardes-nobles en uniforme ! Je ne puis vous dire l'impression que l'on ressent de prier avec le Pape ! Dire avec lui le *Credo,* le *Pater !* Comme l'horizon s'élargit alors pour amener le monde entier au pied de cet autel et faire descendre sur toutes les âmes des grâces de lumière et d'amour !

Vous étiez bien là toutes avec moi, car je n'oublie pas que votre pauvre petite mandataire vous représente partout, et c'est avec la plus grande ferveur que je sollicite les grâces que vous demanderiez vous-mêmes.

Avant tout, que nous soyons les vraies enfants de l'Eglise et du Pape, pour rester fidèles à l'esprit de nos fondateurs ; que notre amour se traduise par un zèle vraiment apostolique. Quand vient le moment de la Communion, vous devinez avec quelle émotion on entend le Pape prononcer le *Corpus Domini Nostri Jesu Christi...* cette formule sur les lèvres du Saint-Père qui demande pour chaque communiant la vie éternelle !

Le retour, toujours si bon à Rome, le fut particulièrement en mai 1908 et particulièrement douce l'audience pendant laquelle il fut traité de la fondation d'une deuxième maison au quartier ouvrier de Sainte-Croix de Jérusalem.

Cette fondation avait été demandée par Pie X lui-même, et c'est avec une paternelle sollicitude qu'il s'en occupa toujours dans la suite.

En mai 1908, il s'informait si la personne chargée de nous fournir le loyer s'était bien acquittée de cette bonne œuvre, si les Petites Sœurs ne manquaient de rien, et le Saint-Père ajoutait : « *Sono poveretto, ma vorrei aintare le Piccole Suore.* Je suis pauvre moi-même, mais je voudrais aider les Petites-Sœurs. »

Mère Marie du Saint-Sacrement nous donne elle-même le récit et les impressions de ces moments passés aux genoux du Saint-Père :

J'avais préparé par écrit ce que je voulais lui dire ; tandis que je lui en faisais la lecture, son visage s'illuminait par moments. La dépêche vous aura déjà dit « délicieuse audience ». C'est bien le terme qui peut exprimer ces vingt bonnes minutes passées aux pieds du Vicaire de Jésus-Christ, comme si nous nous étions trouvées près de notre Père...

Ce que je ne redirai jamais assez, c'est l'émotion ressentie en entendant le Saint-Père louer et apprécier notre mission et le bien que nous sommes appelées à faire. Oh ! mes bien chères filles, réjouissons l'Eglise et consolons le Pape ! Que d'événements de tous côtés, mais comme on sent qu'il plane au-dessus de tout, par son grand esprit surnaturel et son immense confiance !...

Les annales complètent ces lignes :

Plusieurs fois, Pie X avait interrompu la lecture du rapport d'un *bene, bene* approbatif, et à cette phrase :

« Très Saint Père, à l'occasion du jubilé sacerdotal de Sa Sainteté, j'aurais été heureuse de Lui offrir un cadeau, mais nous sommes pauvres, nous n'avons à donner que notre cœur, notre dévouement, notre vie... » Il corrigea vivement :

— Mais vous donnez beaucoup... que pouvez-vous donner de plus à l'Eglise et au Pape ?...

— Permettez donc, Très Saint Père, que mon cadeau soit cinq Petites-Sœurs pour la fondation d'une nouvelle maison de la Congrégation à Rome, dans le quartier ouvrier de Sainte-Croix de Jérusalem.

— Cela c'est un vrai don... reprit Sa Sainteté.

Et comme la Supérieure de la nouvelle maison disait : « c'est un bien pauvre présent », elle répéta :

— C'est un vrai don !

— Puisse la bénédiction de Votre Sainteté aider les Petites-Sœurs à changer les loups en agneaux, pour les amener aux pieds de Notre-Seigneur.

Le rapport terminé, le Saint-Père dit en français : *Je bénis tous vos travaux, toutes vos œuvres, tous vos sacrifices. Puisse cette bénédiction se répandre sur vous en consolations.*

Puis, attachant son profond regard sur la Mère Générale et les trois Supérieures qui l'accompagnaient : *Je vous bénis, vous, et tout ce que vous avez en votre esprit, en votre cœur.*

Cette bénédiction descendait sur les âmes comme le rayonnement de l'âme même du Souverain Pontife, quelque chose de sa sainteté, bonne à l'excès, paternelle et touchante.

Sur le tableau de la mission qui donnait les résultats obtenus, Pie X avait lu le nom de chaque pays :

« Voilà que vous avez fait du bien en France, en Belgique, en Amérique, en Angleterre, en Irlande, en Espagne et en Italie. Je suis très content. »

Ce contentement se reflétait sur le visage de Mère Marie du Saint-Sacrement.

Pie X prit entre ses mains le petit cahier noir qui ne quittait jamais la poche de la Mère Générale et qui contenait le nom de toutes ses filles et de toutes les maisons de la Congrégation. Un petit cordon rouge marquait celle de Rome. « Testaccio... est-ce qu'ils vous ont déjà battues, les gens de Testaccio ? » questionna le Saint-Père. La réputation de ce quartier n'est pas des plus rassurantes ; mais la réponse le fut. Depuis cinq ans passés que les Petites-Sœurs sillonnent toutes les rues, rien de ce genre ne fut à déplorer, et l'assurance qu'on lui en donna satisfit pleinement Sa Sainteté qui continuait de s'intéresser aux détails de l'installation du nouveau petit couvent romain, ne voulant pas que les Petites-Sœurs aient trop à souffrir des privations que comporte toujours une fondation.

« Bon courage, et soyez toujours bien joyeuses » ; ce fut l'adieu de celui que déjà on appelait saint de son vivant et dont on taisait, pour lui obéir, les grâces qui s'échappaient de ses mains en même temps qu'elles se levaient pour bénir.

La Mère Générale redescendait du Vatican radieuse, le visage illuminé de joie et de reconnaissance ; l'une des Mères conseillères la suivait, inondée de larmes d'attendrissement et d'émotion heureuse : c'était la première fois qu'elle s'approchait du Pape : le rêve de toute sa vie ! Le contraste de ces deux manifestations si opposées d'un même sentiment intense pouvait faire sourire, bien qu'il se comprenne facilement, et la même émotion s'en alla faire battre tous les cœurs des Petites-Sœurs, lorsqu'elles connurent partout les paroles paternelles et encourageantes du Saint-Père.

Si l'audience fut une fête délicieuse, la béatification de la Mère Postel fut un lendemain ravissant.

Cette cérémonie imposante remua Mère Marie du Saint-Sacrement jusqu'au fond de son âme, et quand Mgr Thomas, qui se trouvait près d'elle, lui dit : « Vous serez un jour à cette tribune familiale », en la lui montrant, ce fut le comble !

Déjà ne parlait-on pas d'introduire la cause des fondateurs qui avaient veillé au berceau de sa vie religieuse et dont le culte intime restait en elle si profondément ?

« Quand une Congrégation, quand une œuvre marche bien, fermez les yeux, remontez tout droit aux origines, vous trouverez un Saint. Mais soyez saintes aussi, vous êtes du bois pour en faire, ne l'oubliez pas », leur avait dit, peu avant, le cardinal Vivès qui connaissait parfaitement la mission des Petites-Sœurs.

Avec une ferveur de sainte, Mère Marie du Saint-Sacrement rendait visite aux saints, ses « amis romains »... Autour d'elle, on en était impressionné.

« A Saint-Paul, racontent les annales, c'est avec une telle vénération que notre Mère baisa les chaînes de celui dont « la parole ne pouvait être enchaînée », que le Père Bénédictin qui les lui présentait remarqua sa piété, et, continuant de l'accompagner dans la visite de la basilique, il la désigna au moine qui le rejoignit par ces mots : « C'est la religieuse qui est si sainte. »

» Quittant saint Paul pour saint Paul, nous nous rendons au lieu de son martyre, à Saint-Paul Trois-

Fontaines, situé à 3 kilomètres de la basilique, sous la garde des Trappistes. A la porte du monastère, nous en apercevons un à cheval ; avec son scapulaire et sa robe de bure, on eût dit une apparition du moyen âge.

» Nous entrons dans la solitude au milieu d'une forêt d'eucalyptus. Le monastère est pauvre, mais il y a une atmosphère de paix, de calme, qui repose. Les trois fontaines sont là ; nous y buvons avec dévotion de cette eau jaillie miraculeusement sous les trois bonds de la tête du grand apôtre. Tout près est la colonne sur laquelle on lui trancha la tête ; par une faveur spéciale, nous pouvons en approcher, la toucher, la baiser.

» Le Colisée a émotionné profondément notre Mère. Sous une arcade nous apercevons un lit de pierres : c'est là que, pendant quatorze ans, dormit saint Benoît Labre, à la belle étoile, au milieu de cette immense arène, témoin de tant de cruautés, de tant de courage ! Les noms d'Ignace, de Pancrace, etc., nous reviennent à la mémoire ; il nous semble voir les lions furieux, les panthères affamées se précipiter sur les martyrs. Nous croyons voir les anges descendre du ciel avec des palmes et porter en triomphe les glorieux athlètes du Christ. C'est une véritable vision des premiers temps du christianisme que nous admirons au Colisée ; notre Mère en frémit et nous demandons le courage et la force des martyrs. »

Mais les pieux pèlerinages qui remplissent toujours un séjour à Rome n'empêchaient pas notre Mère, comme partout ailleurs où elle visitait une maison de ses filles, de s'intéresser par-dessus tout à leur mission et d'aller voir quelques malades :

« L'une d'elles, écrit-on de Rome, une petite poitrinaire de dix-sept ans, désireuse du ciel, supplia son père d'envoyer chercher l'Enfant-Jésus de l'Ara Cœli, afin qu'il vienne la délivrer de ses souffrances. Car c'est une dévotion populaire très chère aux Romains, que de faire venir le saint *Bambino* au chevet des enfants malades pour qu'il leur fasse « la grâce »... La grâce, c'est la guérison presque instantanée, ou bien l'entrée rapide en paradis.

» Le père, touché par les larmes de cette petite mourante, asquiesca à son désir, et le Bambino fut demandé.

» C'est ainsi qu'un landeau s'arrêtait à la porte de notre petite malade : deux Franciscains en descendirent portant le précieux fardeau ; deux Sœurs, cierge en main, faisaient escorte au petit Roi à travers un escalier rempli de *bambini* avides de voir « le petit bon Dieu ».

» Quand il entra dans la chambre, « le petit bon Dieu », tout le monde se mit à genoux. Alexandrine, pleurant, le conjurait : « *Bambino Gesu*, délivre-moi, aie pitié de moi ! » Et puis, comme l'Enfant divin approchait de son lit, elle le prit et le baisa avec effusion. Elle était rayonnante, cette petite, et se sentait exaucée.

» Le *Bambino*, après avoir béni la foule, fut déposé dans son riche coffret et regagna sa voiture, toujours accompagné des deux Petites-Sœurs qui aidèrent à son installation en carrosse. Quand elles remontèrent près de la petite malade, elles la trouvèrent toute souriante ; sa figure avait pris une expression angélique. Le soir même, elle entrait en agonie, et le lendemain matin, fête de sainte Agnès, elle expirait doucement. L'Enfant Jésus l'avait exaucée. »

C'est en mai 1920 que Mère Marie du Saint-Sacrement fit son dernier séjour à Rome.

Elle eut l'immense joie d'assister à la canonisation de sainte Marguerite-Marie et de sainte Jeanne d'Arc.

Elle y goûta des heures du ciel ; c'était l'acheminement vers cette vie éternelle plus proche encore pour Benoît XV lui-même, le grand Souverain et le grand souffrant de la terrible guerre. « Oh ! disait notre Mère, dans l'attente de son audience à la porte du Saint-Père, quel amour de compassion j'ai pour lui ! »

Quand elle quittait Grenelle, la chère Mère Générale, toute la Congrégation la suivait par le cœur et la prière.

Chaque maison recevait l'itinéraire de son voyage, et celles qui se trouvaient sur le parcours ne manquaient pas d'envoyer une députation de Petites-Sœurs la saluer à la gare.

L'Espagne avait ouvert ses portes aux Pernettes en 1903, à Barcelone. Une seconde maison y fut bientôt sollicitée ; les bons et chers amis de Barcelone désiraient connaître la Mère des Petites-Sœurs et la pressèrent de venir présider la bénédiction de la nouvelle fondation.

C'est ainsi que nous lisons dans les Annales :

« C'est de Lyon que le départ s'effectue pour notre Mère et deux de ses filles. Des groupes s'échelonnent sur le trajet : A Montélimar, d'abord, deux Petites-Sœurs viennent jouir des cinq minutes d'arrêt.

» A Nîmes, elles sont cinq, tout heureuses d'apercevoir le visage maternel qui leur sourit... Mais bien vite le train s'ébranle. De la portière, la Mère se penche ; elle voit encore, se détachant sur les vieilles arènes, quelques mouchoirs blancs qui s'agitent aux fenêtres du petit couvent nîmois.

» A Cette..., trois Petites-Sœurs ; l'arrêt se prolonge un peu... En s'éloignant, notre Mère voit surgir, sur le seuil d'une des dernières rues de la ville, une petite missionnaire en tablier bleu et manches de ménage, qui lui envoie un filial bonjour.

» — Oh ! que c'est gentil, dit-elle, de pouvoir saluer du train une Petite-Sœur à son poste chez un pauvre malade !...

» La mer vient doucement mourir sur la côte toute bleue, belle et calme, et la chère voyageuse dit à ses deux compagnes :

» — Il faut que chaque Petite-Sœur soit ainsi obéissante aux ordres de la Providence et sache rester à la place qui lui est assignée, tout comme la mer ; voyez comme elle ne dépasse pas les limites qui lui sont données par le Créateur. »

A Perpignan, halte de plusieurs jours. La réunion des Filles de Sainte-Monique y trouve place, nombreuse et satisfaisante en tous points. Les « Monicos » viennent ensuite se grouper en cercle autour de la Mère Générale, et une toute petite fille, sans timidité, malgré ses quatre ans, récite un compliment avec force gestes à l'appui : c'est si bien tourné, si gentiment débité, que notre Mère, amusée, en reste immobile, comme suspendue à ses lèvres, jusqu'au dernier mot, après lequel elle lui tend les bras pour la remercier.

Quelle surprise alors de voir l'enfant se reculer précipitamment en jetant des cris d'épouvante et s'accrocher aux jupes de sa mère toute confuse d'une fin de scène si tragique !

— J'avais cru qu'elle était en cire, explique-t-elle à travers ses larmes...

Non, elle n'était pas en cire, son cœur était plein de tendresse pour ces tout petits qui l'entouraient avec des yeux brillants et des lèvres rieuses, et c'était pour elle une vraie joie de leur distribuer images, bonbons et sucre d'orge.

Bien des « Frères », après leur travail, se sont fait un plaisir de venir saluer la Mère Générale. L'un d'eux, perclus, confiait son regret de ne pouvoir les imiter ; celle-ci, l'ayant su, vint un matin le surprendre et lui faire une petite visite qui le toucha jusqu'aux larmes.

Tant qu'il put marcher, ce brave homme venait péniblement à la chapelle, et comme on lui reprochait doucement ce pieux excès : « C'est mon chemin de croix », disait-il. En effet, pour arriver au but, il était obligé de se reposer quatorze fois ! Il y tenait pourtant, parce que, dans cette chapelle, il était revenu au bon Dieu.

Mais le voyage se poursuit et notre Mère entre en Espagne. Dès le lendemain de son arrivée, messe où nos pauvres sont convoqués : ils ne peuvent tous pénétrer, faute de place, et à la communion on dut ne plus répondre aux nombreux coups de poing et de pied qui annonçaient les retardataires.

Notre Mère désirait avec tant d'ardeur que Marie couvrît de sa maternelle protection les deux petits nids placés à ses pieds, qu'elle n'hésita pas à gravir la sainte montagne sous le regard de Notre-Dame de Montserrat.

Le départ étant à 4 heures du matin, on demande au « Vigilante » de vouloir bien nous avertir quand il serait 3 h. 1/2. Pas de danger qu'il oublie sa charge ; ce qu'il oublia, ce fut l'heure. Il était à peine 3 heures qu'une dizaine de coups formidables à faire sortir les morts de leur tombe retentirent sous nos fenêtres ; il fallut ouvrir et lui dire qu'on avait entendu, sans quoi il aurait frappé jusqu'à ce qu'on descende.

Ce brave « Vigilante » se promène toutes les nuits en raclant son bâton contre le mur et en avisant de temps en temps la population qu'elle peut dormir tranquille, car il veille sur elle.

Notre Mère eut une véritable dévotion à faire ce pèlerinage de Montserrat. Elle arriva juste pour entendre la messe des enfants de l'Esculania habillés en Bénédictins. Leurs voix jeunes et pures résonnaient dans la vaste église éclairée seulement par la lumière des cierges et des lampes qui brûlent sans cesse devant la Madone. La statue, admirable de beauté et qu'on dit avoir été sculptée par saint Luc, est noire comme l'ébène. Du sol, on l'aperçoit assez petite, mais de près on est étonné de la voir de grandeur naturelle. Par un escalier dérobé, on peut atteindre la statue miraculeuse, baiser la main de la Très Sainte Vierge, même celle de l'Enfant Jésus, mais il faut avoir le bras long et le cœur solide devant la hauteur prodigieuse où l'on se trouve, n'ayant devant soi qu'un vide effrayant. Notre Mère ne voulait rien perdre des faveurs mises à sa disposition et fit de suprêmes efforts pour faire quelques tendresses au divin Enfant. Elle ne parvint qu'à sa petite main dans laquelle fut placé son carnet noir qui ne la quittait pas et qui contenait le nom de toutes ses filles.

Mon petit Jésus, dit-elle, je mets dans votre main ma volonté, celle de toutes les Petites-Sœurs de la Congrégation.

Le cher petit Jésus entendit la prière et veilla sur le troupeau confié à ses soins. Les Petites-Sœurs de Barcelone, durant les sombres jours de la Révolution, en 1909, furent protégées miraculeusement.

Une de leurs maisons fut incendiée : la Supérieure de

la communauté, Mère Marie-Mercédès, fit alors preuve d'un courage héroïque.

Elle sauva le Saint Sacrement qu'elle emporta, caché dans un panier, sous les balles des insurgés, qui, à coups de hache, étaient entrés dans la maison.

Elle fit passer ses filles par une échelle chez des voisins complaisants où, des fenêtres, les Petites-Sœurs virent brûler leur pauvre petit couvent et leur misérable mobilier. Mais elles n'eurent rien d'autre à déplorer, et plus tard les amis de Barcelone rendirent plus que largement aux Petites-Sœurs ce qu'elles avaient perdu en ces jours malheureux.

Nous avons déjà dit que lorsque Mère Marie du Saint-Sacrement visitait les maisons, elle ne manquait pas d'aller voir quelques malades, et les annales nous racontent comment à Londres, Bow, par exemple, « c'est une brave Fille de Sainte-Monique, mère de huit enfants, qui s'est convertie il y a quelques années, après avoir vu chez une voisine le dévouement de la Petite-Sœur. Elle est entrée dans l'Eglise catholique avec les plus petits de ses enfants ; les plus grands et le père réfléchissent encore, mais ne sont pas loin du port.

» La joie de cette malade a été grande en voyant la *Mother General !...* »

Deux jours après, la Mère est à Norwich, et la secrétaire écrit à Grenelle :

« Notre première joie à Norwich fut de voir dimanche, à la messe de 8 heures, une affluence de fidèles et une nombreuse communion. Nos Petites-Sœurs n'ont pas à s'endormir sur leurs lauriers ; le champ à cultiver reste immense ; sur 120 000 habitants, Norwich ne compte que 2 000 catholiques.

» Les malades abondent et les coups de filet sont splendides. Ce sont des familles entières que l'on amène à la vraie foi.

» Il semble que ces âmes sont toutes prêtes et attendent le passage de la Petite-Sœur pour s'abreuver de la vérité ! »

La fondation de Buenos-Ayres, obtenue par des Dames-Servantes argentines habitant Paris et filles spirituelles du P. Pernet, garde bien fidèlement l'esprit du fondateur. Mère Marie du Saint-Sacrement, lors de sa visite en novembre 1919, y fut accueillie par de nombreuses sympathies, et une de ses joies fut de sentir les chères Dames-Servantes si unies à la maison-mère des Petites-Sœurs et si dévouées à leurs œuvres.

« Nos pauvres jouissent de notre joie, raconte le journal du voyage, et font aussi leurs petits préparatifs de réception. C'est ainsi qu'une de nos Filles de Sainte-Monique, à demi négresse, grande convertie, de même que son mari, prépare en cachette un compliment qu'elle fait corriger par une de nos Dames-Servantes ; elle donne maintes répétitions à son gentil négrillon de trois ans pour lui faire apprendre : « Bonjour, ma Mère ! »

» La Mère constate que ses filles, dans le Nouveau Monde comme dans l'Ancien, travaillent à refaire un peuple à Dieu... Elle en est comblée de joie. »

Quand, en 1920, la R. Mère visite ses filles de New-York, elle éprouve les mêmes consolations.

« Une jeune fille de vingt-deux ans, qui avait abjuré la veille, fait pieusement sa première Communion dès le lendemain de l'arrivée de notre Mère, lisons-nous dans les annales ; puis, à 9 heures, messe de la Fraternité, 56 hommes firent la sainte communion ; leur schola se distingua et notre chère Mère fut tout heureuse de lui entendre chanter la « Prière de notre vénéré Père ».

» Après la messe, elle descendit leur dire quelques mots et fut accueillie par une salve d'applaudissements.

» Nos chanteurs furent bien récompensés de leurs efforts en entendant notre Mère leur dire qu'elle ne regrettait pas d'avoir traversé l'Océan pour entendre la Prière de notre Père chantée si bien à New-York. »

Partout enfin, du Nord au Midi, la Mère se réjouit de constater l'esprit apostolique et assomptioniste de ses filles, qu'elle retrouve dans les œuvres : Dames-Servantes, qu'elle aime tant, Fraternités, Filles de Sainte-Monique. Il lui semble que tout redit et tout chante la devise de l'Assomption : *Adveniat regnum tuum !*

Oh ! la splendide moisson d'âmes pour le divin Moissonneur !

Elle grandit toujours et le champ s'élargit encore.

VII

Au lit de mort de ses Filles

Oui, la moisson est belle et promet de l'être chaque jour davantage ; mais, hélas ! une croix pèse lourdement sur les épaules de la Supérieure Générale. C'est la croix de l'impuissance.

Impuissance à augmenter le nombre de ses sujets dans les maisons déjà existantes. Impuissance à répondre aux demandes journalières de fondations nouvelles.

L'idéal chez les Petites-Sœurs serait de mourir sur la brèche, en plein dévouement. Mais Dieu n'exauce pas toujours ces rêves de missionnaires ; il condamne d'abord à l'inaction ces apôtres trop ardentes dont la lame a usé le fourreau, et le *Veni sponsa* ne vient qu'après une longue attente.

L'infirmerie, vestibule du ciel, fut toujours l'objet des maternelles sollicitudes de Mère Marie du Saint-Sacrement.

Elle prépare si bien ses filles à l'appel de l'Epoux, qu'elle semble vouloir l'aider à cueillir les fleurs de son parterre, tant elle les lui cultive avec amour.

Et cependant le *Fiat* est bien plus douloureux à la Mère qui reste, qu'à la fille qui prend son vol vers le ciel... Il faut croire que Jésus l'aime ce *Fiat* douloureux sur les lèvres de sa fidèle servante. Il le lui fait répéter si souvent !

A une de ses chères mourantes, la Mère écrit :

J'espère que ma petite lampe brûle toujours bien devant le bon Dieu et qu'en se consumant elle lui dit son amour.

Que j'aime à vous voir toujours contente, parce que vous ne voulez que la volonté du bon Dieu. C'est déjà mettre le ciel en votre âme, en attendant que votre âme entre au ciel.

Et dans une autre lettre, reprenant la même idée :

Restez bien dans ces dispositions, mon enfant ; le paradis sur la terre, c'est de mettre la volonté du bon Dieu dans notre cœur, et au ciel, c'est nous qui y entrerons pour l'accomplir comme les anges et les saints...

Vous voilà donc toute recouverte des saintes onctions. Quelle grâce d'être ainsi toute purifiée et préparée pour le grand voyage ! Soyez heureuse et pleine de reconnaissance envers Notre-Seigneur qui, après vous avoir comblée pendant votre vie, veut encore vous rendre plus heureuse avec lui au ciel !

Ah ! le ciel !... comme il nous fait envie à nous qui avons encore tant à lutter, à souffrir avant de l'entrevoir !

Que nous sommes heureuses de vous entendre dire et redire que vous avez une confiance illimitée en Notre-Seigneur ! Il la mérite bien, n'est-ce pas ? Est-ce que le pauvre Job ne disait pas à Dieu : « Quand vous me tueriez, Seigneur, j'espérerais encore en vous ! »

Oui, ayez cette foi, cet abandon, à la vie, à la mort !

Je viens encore une fois vous trouver sur la croix, en attendant d'aller en esprit vous voir sur votre trône en paradis. Heureuse enfant ! Vraie Benedicta ! Vous allez bientôt entrer au port !... Vous nous aiderez bien de là-haut. Encore une fois, je vous embrasse et vous bénis : bientôt ce sera la petite fille qui bénira la Mère, puisqu'elle sera avant elle près du bon Dieu !

Il me semble que, plus que toute autre Petite-Sœur, vous devez vous offrir pour l'Église et pour le Pape. Quand on s'appelle Marie-Pia, ce ne doit pas être sans une vue providentielle du bon Dieu. Pensez donc que, non loin de vous, au Vatican, le Saint-Père Pie X souffre dans son cœur en portant les maux de l'Eglise et le poids du monde entier. Aidez-le, il n'en saura rien, mais son bon ange le saura et s'en réjouira.

Sera-ce la Résurrection pour vous ? Sera-ce l'Ascension ? *Fiat*, n'est-ce pas, ma bien chère enfant. Merci de votre bonne dernière lettre : j'ai senti la Petite-Sœur apôtre... C'est cela qui l'aide à être victime. Notre-Seigneur monte au ciel, mais il reste sur l'autel. Soyez-y avec lui !

Dans les couloirs de l'infirmerie, Mère Marie du Saint-Sacrement passait d'un pas hâtif et léger qu'on n'entendait pas, frappait d'un coup discret à chaque porte, l'ouvrait sans bruit, et son « Vive Jésus » venait semer le sourire, la paix, la joie surnaturelle.

Quand notre Mère m'apparaissait, disait une Petite-Sœur malade, elle me faisait l'effet d'une vision. Je devinais l'instant qu'elle choisirait et lui préparais sa place. « Vous m'attendiez, ma fille ?... » Et elle s'asseyait tout près. C'était quelques minutes d'un délicieux entretien où le règne de Notre-Seigneur était le thème favori, auquel il fallait toujours revenir.

Un jour, une bataille de petits pierrots sur le rebord de la fenêtre captiva son attention : les mères donnaient aux petits la becquée avec une délicatesse qui la ravissait. Arrêtant le geste de la Sœur qui voulait les faire partir, pour leur importun bavardage : « Gardez-vous-en, ma fille ?... » Puis, se reprenant, comme pour s'adresser un reproche de cette innocente distraction : « Tout de même, je ne suis pas venue pour cela ! » Et des créatures qui font, elles aussi, bénir le bon Dieu, elle remonte sans effort au Créateur : « Considérez les oiseaux du ciel... Votre Père céleste les nourrit... Ma fille, répondez à l'amour de Notre-Seigneur par un immense amour !... »

L'adieu, c'était sur le front cette petite croix qui portait avec elle toute une bénédiction.

La Sœur infirmière donne ce témoignage : « Notre Mère avait vraiment un don tout spécial pour préparer nos petites mourantes, pour les avertir lorsqu'elles s'illusionnaient, et leur faire entrevoir le divin rappel comme la grâce des grâces. Elle les berçait dans l'amour pur et ardent, pour les voir dans l'amour s'endormir sous le baiser du Seigneur. »

Si un jour nous allons au martyre, il faudra y aller en chantant... Déjà nous mourons en chantant. C'est pour ainsi dire dans le cérémonial de la mort d'une Petite Sœur de chanter... En attendant, ayons des âmes chantantes.

Dans la Congrégation, ce conseil fut suivi. Elle apportait son âme chantante au chevet de la mort, ne voulant y voir que la vie, l'éternelle et lumineuse vie !

C'est si bon pour l'exilé de revoir sa patrie ! pour l'épouse, de se jeter dans les bras de l'Epoux ! Oh ! quel beau *Laetatus sum* quand on entrevoit le ciel !

C'était la page la plus sublime de son cantique qu'elle traduisait et déversait sur l'âme presque détachée d'ici-bas et prête à partir. Penchée sur son enfant, elle en faisait un cantique à deux, et l'on ne sait laquelle était la plus rapprochée de Dieu, prêt à se dévoiler à l'une et se laissant deviner à l'autre.

De ces dialogues, certains ont été fixés dans le Nécrologe des Petites-Sœurs où nous puisons :

— Eh bien, ma fille, c'est aujourd'hui que vous allez partir pour le paradis ?

— Le ciel s'approche, oh ! quel bonheur ! Venez, Jésus !

— Ma chère enfant, renouvelez le sacrifice de votre vie pour l'Eglise, le Souverain Pontife, la conversion des pécheurs, pour votre famille religieuse et toute l'Assomption.

— Vous me soufflerez ?

— Quoi donc ?

— Eh bien, tout ce que vous venez de me dire.

Notre Mère, souriant, dit que l'intention au fond du cœur suffisait ; la petite Sœur répondit :

— Ça y est.

— Etes-vous bien abandonnée à la volonté du bon Dieu ?

— Oui, ma Mère, mais j'étouffe...

— Et si le bon Dieu le veut, ne le voulez-vous pas aussi ?

— Oh ! oui, si le bon Dieu veut que j'étouffe, eh ! bien, j'étoufferai...

— Vos Sœurs qui sont là vont attendre que sonne l'*Angelus ;* vous vous unirez bien à nous, ma petite enfant, et surtout vous direz de tout cœur l'*Ecce ancilla Domini.*

Elle fit un signe affirmatif.

Quand la cloche tinta, arrivée à ces paroles, notre Mère se tut et les lui laissa prononcer toute seule, d'une voix claire et distincte. Ensemble les Sœurs répondirent avec émotion le : *Fiat mihi secundum verbum tuum.*

Après l'Extrême-Onction, Sœur Marie-Honorine répétait :

— Plus je vais, plus je suis heureuse... mais quels bourdonnements dans mes oreilles...

— Ce sont les cloches du ciel, lui objecta notre Mère.

Alors, ouvrant ses yeux surpris :

— Ah ! fit-elle, elles ne sont pas belles.

Lui chantant le *Veni sponsa*, nous pouvions juger au mouvement de ses lèvres qu'elle en suivait toutes les paroles. Emue, notre Mère lui dit :

— Ma petite Honorine, il est 3 heures, c'est l'heure où Notre-Seigneur a répandu tout son sang, où il est mort par amour pour vous ; offrez-lui toutes vos souffrances. Courage, ce sont les dernières... Le bon Dieu viendra bientôt vous chercher.

Elle ouvrit les yeux :

— Mais ce n'est pas sûr ?

Cependant, quand elle entendit, aux prières de l'agonie : « Partez de ce monde, âme chrétienne », elle sourit délicieusement.

Elle était comme suspendue à chacune de ces magnifiques oraisons que l'Eglise fait entendre à ses enfants sur le point de franchir le dernier passage.

Notre Mère demanda :

— Voulez-vous que nous chantions encore ?

— Oui, chantez : « Oh ! laissez-moi monter au ciel... » puis cet autre cantique : « Mon cœur languit au désert de la vie... »

Elle en prononça distinctement les dernières paroles : « et pour toujours, je serai dans le ciel ».

Puis ce fut le *Miserere*, le *Laetatus sum*, le *Lauda Jerusalem Dominum*...

— Que vous manque-t-il donc pour vous envoler au ciel ? lui demanda notre Mère ; nous avons dit auprès de vous tout ce qu'il est possible !

Elle répondit doucement :

— Encore une expiation.

A ce moment arrivait sa mère :

— Mon enfant, vous disiez qu'il vous manquait une expiation ; le bon Dieu vous l'a ménagée ; soyez bien forte, afin d'adoucir à votre mère le sacrifice.

Avec un courage surhumain, la chère Petite-Sœur sembla revivre pendant les vingt minutes que passa près d'elle sa mère, aussi héroïque que son enfant en ce dernier adieu.

— Ma petite Blandine, je crains de m'être trompée en vous disant que vous iriez peut-être au ciel le jour de l'Immaculée-Conception... Je crois que ce sera plus tôt.

— Quand donc ? Sera-ce demain ?...

— Je ne crois pas ; demain c'est trop tôt. Dans huit jours, on célébrera la Pureté de Marie, ne trouvez-vous pas que ce serait un beau jour ?

— Oui, ma Mère, mais encore huit jours !

— Voyez ce que c'est. Quand vous pensiez que cela pourrait être dans deux mois, vous étiez résignée, et maintenant vous trouvez trop long d'attendre huit jours !

— Eh bien, ma Mère, remettons à huit jours ! fit notre Petite-Sœur avec une expression ravissante.

— Quand vous arriverez devant le bon Dieu, vous devrez lui faire une belle génuflexion en lui disant · *Gloria Patri et Filio et Spiritui Sancto.*

Elle reprit, souriante :

— Oh ! je n'ai jamais su bien les faire.

Sa respiration haletante l'empêchait d'unir sa voix aux cantiques qu'on lui chantait :

— C'est bien beau, mais ce bruit dans ma gorge est bien gênant.

Notre Mère lui suggéra : « Mon Dieu, tout ce qui me gêne, je vous l'offre. »

— C'est cela, parfait. Je ne veux ni vivre ni mourir. Je ne veux que ce que le bon Dieu voudra.

Une novice, qui gardait encore quelque espoir de guérison, demandait :

— Ma Mère, est-ce que je vais mourir ?

Notre Mère, sentant un peu d'angoisse dans les yeux qui se levaient sur elle, répondit :

— Comment voulez-vous que je le sache, je ne suis pas le bon Dieu. Il se peut qu'il ait besoin d'un gros ange en Paradis...

— Oh ! disait une Petite-Sœur mourante, notre Mère m'appelle son petit « tison ». Si je pouvais être en même temps celui du bon Dieu et que ma fièvre soit celle de son amour, je voudrais bien brûler encore plus !

De ces départs, parfois si précoces, pour le ciel, ne pouvait-on pas répéter bien souvent le mot du Père fondateur sur l'une de ses filles :

« Rien ne lui coûtait pour gagner une âme à Dieu.

» Elle est morte à la peine, et c'est tout ce que peut désirer une Petite-Sœur de l'Assomption. »

VIII

En face de la Persécution

En juillet 1901, alors que Rome approuvait définitivement les Constitutions des Petites-Sœurs de l'Assomption, se dressait en France la loi contre les Congrégations.

Les nouvelles de Rome donnent une grande joie dans toutes les maisons ; il semble que la vie religieuse des Petites-Sœurs reçoit une plénitude de grâces et de bénédictions, et, tandis que tous les cœurs sont à la reconnaissance, la Supérieure Générale sent peser sur elle la question angoissante :

Faut-il se soumettre ?

Se séculariser ?

S'exiler ? Sauver les biens ?

Les Petites Sœurs n'ont pas de biens : leur pauvreté les sauvera.

A Lourdes, où elle accompagne le Pèlerinage National, Mère Marie du Saint-Sacrement s'agenouille devant la Mère des mères, celle de ses enfants, et lui demande de l'inspirer.

Elle se relève, confirmée dans une résolution hardie . « L'Evangile a droit de vivre en liberté sous le soleil du bon Dieu, sans contrôle ni contrainte... Périsse tout, mais que Notre-Seigneur règne !... *J'ignore la loi !...* »

Le cardinal Richard en frémit : « Je vous laisse faire, mais que Dieu vous garde... » Et la Mère se sent gardée.

Le bon P. Hippolyte, saint religieux Assomptioniste et confident du P. Pernet, encourage pleinement la décision.

Une convention est passée avec le ciel : le *Sit nomen Domini* se chantera à chaque vexation subie... et il se chantera souvent.

Si nous ne pouvons passer sous silence un des épisodes les plus marquants et trop public d'ailleurs de la vie que nous retraçons, c'est pour la vérité des faits.

En soulignant ici tout ce qui est à la gloire de ce peuple si vibrant dans sa gratitude, à l'éloge de tous ces dévouements fidèles, de ce sentiment chrétien qui fit explosion magnifiquement sur tant de points de notre France, taisons du moins ce qu'il est possible des tristes détails de cette douloureuse période.

Si Dieu a laissé ce vent de folie irréligieuse passer sur la France, il voulait que les victimes en soient les réparatrices, et la « Victime sur l'autel ne se plaint pas ».

Quel pays dans son histoire ne renferme pas des pages qu'il aimerait à pouvoir déchirer afin de ne jamais les relire ?...

La Supérieure Générale et beaucoup de ses filles sont appelées en correctionnelle :

> Nous voici entrées résolument et joyeusement dans la voie royale de la sainte Croix. Pas de trouble ni d'inquiétudes, fixons le regard de notre âme sur Dieu ! écrit-elle dans les maisons.

Et ce qui lui est une joie, c'est la parfaite union avec laquelle sa décision a été acceptée dans toute la Congrégation. Pas une note discordante. La ferveur est à l'ordre du jour.

Perquisitions, citations, inquiétudes des parents, des

amis, rien ne trouble la Petite-Sœur : elle ignore la loi antireligieuse et antifrançaise qui l'empêcherait de vaquer à sa mission. Elle continue malgré tout à soigner ses malades.

Les Petites-Sœurs sont constamment arrêtées par des pauvres gens consternés qui les croient perdues pour toujours.

Une brave femme, courant après l'une d'elles, s'écrie tout essoufflée : « Ma Sœur, ma Sœur, on conspire contre vous ! »

Pauvre femme ! Ce n'est pas d'aujourd'hui que le diable conspire contre nous... Il y a longtemps qu'il a commencé...

Mais nous aimons à nous rappeler les bras du Christ toujours levés sur la croix pour implorer grâce, sa main clouée prête à se détacher pour absoudre et faire tomber le pardon divin sur la France repentante qui noie dans ses larmes et rachète, à force d'amour et d'adoration pénitente, la France qui a péché.

La Mère des Petites-Sœurs est bien une des figures les plus expressives, les plus captivantes, vraiment si française, dans ce que la France a de plus suave, de plus désintéressé, sur laquelle tous les yeux se fixent avec surprise et admiration.

Mais viennent les conseils de prudence. Mère Marie du Saint-Sacrement en reçoit de tous côtés : « Vous feriez bien de vous disperser !... »

... Elle répond invariablement :

Nous ne voulons pas, de notre propre choix, abandonner nos pauvres ; dans l'attente des décisions à notre endroit, nous aurons le temps de soulager bien des infortunes, de sauver des âmes, de faire entrer Notre-Seigneur dans beaucoup de familles. Le peu de choses que nous possédons, c'est Dieu qui nous l'a donné, c'est son bien... Il saura le défendre ou nous le rendre après qu'on nous l'aura pris. En tout cas, pour lui, pour notre vie religieuse, pour nos pauvres, nous faisons le sacrifice de tout !...

Et c'est en représentante de la charité qu'elle monte au Palais de Justice le 26 mars 1903, entre deux haies d'admirateurs inconnus qui la couvrent de fleurs, elle et ses compagnes : la Mère Marie-Emmanuel est à ses côtés.

Il est 1 heure lorsque les Sœurs sont introduites. A leur entrée dans la salle d'audience, tous les avocats se lèvent et se découvrent.

La 9e Chambre correctionnelle est trop petite pour la foule qui s'y presse. Mme la baronne Reille est là, M. Keller, M. Costa de Beauregard, François Coppée. Ce sont les champions de la liberté menacée ; ils assistent aux débats.

L'interrogatoire est court.

Mère Marie du Saint-Sacrement répond avec un grand calme et d'une voix si douce, rapporte le *Gaulois*, que l'on dirait qu'elle vient d'en haut :

Je n'ai pas cru qu'il y avait en France une loi qui pût interdire la liberté de la charité ; aussi, je ne me suis jamais occupée de la loi.

Cette simplicité du courage est un magnifique exemple.

Quand on veut ravir la liberté à Dieu, c'est un devoir de la défendre, et Me Ménard, le vaillant défenseur des Petites-Sœurs, monte à la hauteur du devoir. Il venge cette liberté personnifiée en celles dont le seul tort est de voir, selon la sublime expression de l'Eglise, les membres souffrants de Jésus-Christ dans la personne de tous les malheureux...

Quelques moments de suspension d'audience, puis le tribunal rentre dans la salle et le président lit la sentence :

« La Supérieure Générale est condamnée à 100 francs d'amende et ses quatre compagnes à 50 francs sans sursis. »

Aussitôt la condamnation, à la sortie de l'audience, se déchaîne une manifestation enthousiaste : « Vivent les Sœurs ! Liberté ! Liberté ! » La foule fait aux inculpées une escorte d'honneur, mais, par les soins précipités de la police, des fiacres sont chargés de les emporter à toute vitesse.

Cette mesure n'empêche pas que le retour à Grenelle soit un vrai triomphe.

Dès 3 h. 1/2, la rue Violet, dans toute sa longueur, est noire de monde.

Les corbeilles de fleurs circulent parmi la foule qui puise à profusion. Il lui tarde tellement de faire éclater son enthousiasme que deux Petites-Sœurs rentrant de chez leurs malades se trouvent, en un instant, couvertes de fleurs et portées en triomphe.

Mais celles que l'on attendait, les inculpées, arrivent enfin ; alors les mains se tendent, on agite mouchoirs et chapeaux, l'enthousiasme est indescriptible.

Rien de plus beau que cette fusion du peuple et de la société parisienne, riches et pauvres réclamant la liberté religieuse. La foule est si compacte que les voitures ne peuvent circuler ; la Mère Générale et ses compagnes doivent descendre et rentrer au couvent au milieu d'ovations inénarrables. On entonne le *Magnificat*, puis le *Parce Domine*, et comme la foule qui stationne dans la cour augmente sans cesse, l'idée vient d'apporter le Saint Sacrement à l'une des fenêtres du premier étage : des cierges sont vivement distribués aux hommes, les lumières brillent, et la blanche Hostie paraît dans l'ostensoir.

Tout le monde à genoux jusque sur le trottoir vis-à-vis de la maison chante et s'incline pour la bénédiction... *Adoremus in aeternum* trois fois, puis « Vive Jésus-Christ ! »

D'une sérénité vraiment surnaturelle, Mère Marie du Saint-Sacrement se montre une seconde à la fenêtre, joignant les mains dans un geste de gratitude.

— Et qu'allez-vous faire maintenant ? lui demande-t-on.

— Nous continuerons à soigner nos pauvres malades, en attendant les événements quels qu'ils soient.

Le samedi 28 mars, Mère Marie du Saint-Sacrement rendait visite au cardinal Richard, assez fatigué, qui la reçut dans sa chambre, écoutant avec un paternel intérêt tous les détails de la journée du 26.

Au début de l'année, voyant la marche des événements, ne l'avait-il pas déjà grandement encouragée : « Je suis de plus en plus convaincu qu'attendu l'œuvre qui est la vôtre, votre détermination est bonne : vous faites la volonté du bon Dieu. Notre-Seigneur est avec vous ; ayez confiance et ne vous laissez pas déconcerter. »

Ces paroles, rapportées par la Mère et communiquées à toutes ses filles, avaient encore affermi et uni tous les cœurs.

« Notre Mère, écrivait la Secrétaire Générale dans toutes les maisons, vous dit encore une fois merci de tout ce que vous avez fait pour la soutenir. Comment Notre-

Seigneur n'aurait-il pas écouté tant de supplications, de prières, de sacrifices ? Partout où il y a des Petites-Sœurs, les évêques, les prêtres, les religieux, les communautés contemplatives et autres, les pauvres et les riches ont intercédé pour nous. De nos Fraternités nous arrivent des lettres débordantes de respect et d'affection.

» Notre Mère ressent une profonde reconnaissance envers tous ceux qui ont ainsi témoigné leur attachement à notre belle œuvre ; elle n'arrive pas à dépouiller son volumineux courrier, à recevoir tous les témoignages de sympathie et d'enthousiasme. »

En voici quelques-uns :

« Vous êtes celles qui avez pris la meilleure ligne de conduite : vous appuyer sur Dieu et son Christ et uniquement sur lui... Vous avez été dignes de souffrir quelque chose pour Notre-Seigneur Jésus-Christ : vous l'avez confessé devant les hommes, mais d'une telle manière que les juges eux-mêmes vous ont rendu hommage. »

(*Lettre de Mgr Battandier.*)

« Vous vous êtes confiées en Dieu seul. Il se charge de vous garder, tant il est vrai qu'il faut savoir se perdre pour se sauver ; c'est la loi de l'Evangile. »

(*Jérusalem, R. P. Gervais.*)

« Permettez-moi de vous féliciter du bonheur ! c'est le chemin qu'un jour a parcouru Notre-Seigneur Jésus-Christ et, après lui, les apôtres et tant de martyrs... Mais au milieu de tant de soucis et de peines, vous avez bien de quoi vous consoler ; je veux dire, du bien immense que font vos filles. »

(*Rome, Mgr Budini.*)

« J'avais demandé à Notre-Seigneur de vous soutenir devant les juges qui allaient le condamner en votre personne. »

(*R. P. Alfred.*)

« Nous lisons les nouvelles au réfectoire ; et non seulement tout le monde admire votre attitude calme, courageuse, disciplinée, surnaturelle, mais encore tout le monde (si je puis me servir de cette image) prend à cette lecture un véritable bain d'esprit assomptioniste. Nous sommes très fiers de nos Sœurs. Le bon Dieu est visiblement avec nous. »

(*Jérusalem, P. Ernest L...*)

« Vous êtes, non pas des confesseurs de la foi, mais de la charité », disait aux Petites-Sœurs de Nevers leur excellent évêque, Mgr Lelong.

Mgr de Cabrières, d'une bonté excessive, vient rassurer la Mère de Cette, à son retour du palais, de la tournure inquiétante que prennent les choses, en lui confiant qu'il avait pensé à ne pas la séparer de Notre-Seigneur et à la munir d'une custode où elle garderait le précieux trésor si, comme les Petites-Sœurs de Nevers, elle devait passer par la prison.

Dans le Nord, le clergé affirmait bien haut : « Je vous félicite, vous êtes des braves... Vous êtes des vaillantes, vous sauvez l'honneur de l'Eglise et vous êtes la gloire du diocèse. »

Certes, l'émotion unanime dépassait toutes les prévisions ; l'âme de la France entière semblait vibrer, et les échos en arrivaient de partout jusqu'à Grenelle.

D'une lettre ouverte à la Supérieure des Petites-Sœurs de l'Assomption, nous détachons ces belles et fortes lignes publiées dans une feuille populaire de Lille :

« Vous représentez ce qu'il y a de plus français dans la femme, la tendresse et la consolation étendues à la misère... Vous, Petites-Sœurs de l'Assomption, vous avez réalisé l'idéal français et catholique. Avec les Petites-Sœurs des Pauvres et les Sœurs de Charité, vous êtes, comme disait Taine, la plus belle parure de la France.

» Votre Dieu releva la France mourante par la bergère de Domremy ; vous, mes Sœurs, vous relevez les ouvriers de France par le dévouement. En retour, vous ne pouvez rien accepter que la reconnaissance du cœur. Mais, croyez-nous, il y aura toujours des enfants du peuple pour vous aimer, vous respecter et vous défendre ! Le peuple, il ne permettra jamais qu'on touche aux Petites-Sœurs de l'Assomption. »

Dans le *Roussillon*, organe du Midi, sous cette signature : « Marie-Jeanne, femme du peuple, prête à se faire connaître s'il le faut », une lettre suppliante conjure de garder au pays celles qui y déversent tant de charité.

Quelle charité ? Celle qui a fait vœu de pauvreté, qui est aussi humble que l'humilité qu'elle console, qui se prodigue jusqu'au sacrifice sans attendre aucune récompense sur la terre. Les Petites-Sœurs vont tant que leurs forces les soutiennent vers les taudis sans pain, sans lumière, y porter l'obole de l'éternelle pitié.

La lettre suivante mettait une larme dans les yeux de Mère Marie du Saint-Sacrement ; elle sentait si brave, si sincère cet homme, le mari d'une malade, qui lui écrivait : « Vous avez pu constater que le peuple a encore de la reconnaissance dans son cœur. Ce peuple qui vous a acclamée, c'était à coup sûr des ouvriers comme moi, que vous avez soignés ! Si vous ne pouvez payer votre amende, écrivez-moi, je ferai mon possible, car si vous êtes dans le besoin, aussi longtemps que j'aurai un sou, je vous donnerai la moitié à vous et à vos bonnes Sœurs. »

« Vingt fois par jour nos braves gens nous répètent : « Dites, ma Sœur, vous ne partirez pas... trouvons-nous dans le journal de Grenelle, et cela non seulement à Paris, mais dans toutes les villes où la journée du 26 se reproduit à peu de chose près. »

« Pour vous qui faites tant « du bien », vous verrez, nous nous ferons tuer », déclare-t-on à Nîmes.

Aux Halles, à la quête aux légumes, les marchandes prennent les mains de leurs Petites-Sœurs, et avec effusion : « Non, mes Sœurs, nous ne vous laisserons pas partir... »

A Lyon, il paraît qu'à tout prix il faut qu'on ait raison de ces terribles entêtées de Petites-Sœurs anonymes ; pourtant, une brave femme prétend en savoir très long : Nous serons certainement reconnues nécessaires pour la « salubrité publique ».

A Cette, une dame s'exprime ainsi : « Ma Sœur, jusqu'à présent c'est vous qui vous êtes données, maintenant c'est nous qui vous achetons. »

Et ce mot — le mot juste — d'une brave vendeuse de poissons qui proclame : « Vous en avez une Mère Générale qu'a de la tête pour conduire tout ça si bien ! »

Cependant, elle, la Mère Générale, devant la série des soucis, « cela va toujours *crescendo* », disait à Notre-Seigneur qu'elle s'en remettait à son bon plaisir, qu'elle ne voulait plus se casser la tête dans ces sortes de préoccupations. Sa sainte quiétude, elle la communique à ses filles et choisit pour cela le jour où jamais l'avenir ne s'est montré aussi sombre, l'orage aussi près d'éclater.

Jetons-nous dans une confiance absolue, sans mesure, mais, entendez-le bien, dans une confiance qui réussit... Tenons nos cœurs bien haut, si haut que rien de ce qui est en bas ne puisse les atteindre. Etant si haut nous serons tout près de Dieu et il nous gardera. Comme nous dit saint Augustin : Jetez-vous dans ses bras, il ne se retirera pas pour vous laisser tomber.

Nous sommes dans un temps exceptionnel ; nous passerons cette Semaine Sainte dans une exceptionnelle ferveur. Il faut aussi des sacrifices, ne les refusons pas : le salut est à ce prix.

Et sa suprême recommandation, faisons-la bien nôtre :

Oublions-nous complètement et prions pour les autres Congrégations plus éprouvées que nous à l'heure actuelle...

Après les mystères douloureux vécus par le Christ, le premier mystère glorieux se fête avec la glorieuse Résurrection, et Mère Marie du Saint-Sacrement, continuant de regarder plus haut et plus loin que le fardeau accablant du jour, insiste :

Restons bien dans l'esprit de l'Eglise — c'était sa préoccupation constante, — n'oublions pas, quelles que soient les tristesses de notre temps, que notre âme doit être dans les joies pascales. On serait un peu tenté de l'oublier !... Nos âmes sont angoissées et comme écrasées sous le poids des maux de l'Eglise. Certes, nous ne pouvons y être indifférentes ; pourtant, je vous le répète, il nous faut aussi partager ses joies en ce temps consacré à célébrer le triomphe de Notre-Seigneur et nous en réjouir.

N'est-ce pas là d'ailleurs la vie de l'Eglise ? Tandis que les saints se reposent dans le ciel, d'autres saints se forment sur la terre en suivant la même voie de travaux, de combats et de douleurs.

Et quelle joie pour nous quand, au milieu de notre course, les échos du ciel viennent nous faire entendre l'*Alleluia !* Il est ressuscité, Jésus, notre espérance !... Il a vaincu, le lion de la tribu de Juda !

Viendra la paix éternelle, le repos éternel, la lumière éternelle, le bonheur éternel ! Oui, voilà tout ce que nous dit l'*Alleluia* des joies pascales. Livrons nos âmes à ces joies, laissons-les s'élancer vers l'infini, jetons-les dans l'éternité et qu'elles redescendent plus fortes, plus courageuses, pour suivre les traces des saints...

La fête de sainte Monique, le 4 mai, coïncide, en cette année 1903, avec la première journée des cinquante ans de la Mère Générale. Joliment ses filles s'en voient félicitées.

« Cinquante ans ! cela fait dix lustres en termes antiques. Toutefois, il est un lustre qui brille sur votre Mère et dont l'éclat surpasse infiniment tout ce que peuvent donner les « lustres » produits par le nombre des années. C'est celui de la bonté. Cette bonté, de son front et surtout de son cœur de Mère, rayonne sur chacune de vos âmes, y portant toujours, comme le rayon de soleil sur les choses : vie, lumière et joie.

» Oui, voilà un « lustre » plus beau que tout et dont je souhaite que vous soyez enveloppées bien longtemps encore et de plus en plus. »

Les fêtes de la Pentecôte sont des jours de prédilection pour Mère Marie du Saint-Sacrement. Le *Veni Sancte Spiritus* est sur ses lèvres une invitation d'une insistante ardeur, combien plus encore en ce début de juin où l'on appréhende la fermeture des chapelles... Elle ne cesse de dire à Notre-Seigneur la parole des disciples d'Emmaüs :

« Bon Maître, restez avec nous !... »

Les Petites-Sœurs font comme leur mère, s'efforçant surtout de suivre le conseil qu'elle leur a donné :

Tâchez de *rendre la vie agréable à Notre-Seigneur* au milieu de nous, afin qu'il ne nous quitte pas...

A toutes les heures, cette supplication doit s'élever fervente :

« Seigneur Jésus, toutes les professes, novices et postulantes de cette Congrégation vous aiment ardemment. Ne quittez pas notre tabernacle et laissez-nous apôtres en ce pays !... »

IX

Sa vaillante sœur

La Providence réservait une grande joie à Mère Marie du Saint-Sacrement après les années de lutte qu'elle venait de traverser et durant lesquelles sa force d'âme s'était manifestée, provoquant autour d'elle une édification universelle.

Elle allait maintenant revoir sa sœur, Mme Niau, une âme forte, elle aussi, qui, dans une voie toute différente, avait porté très loin et très haut, jusqu'à l'héroïsme, la fidélité au devoir.

Elles se retrouvaient, après quarante ans de séparation, se ressemblant davantage, toutes les deux transfigurées par la souffrance et par la pratique des mêmes belles vertus d'énergie, d'endurance, d'oubli complet de soi au profit des autres.

Maria, dirigeant son humble foyer, fut aussi méritante et admirable que sa sainte sœur à la tête de sa Congrégation.

Mme Niau rentrait veuve en France, sa fille José l'accompagnait. Leur arrivée d'Australie fit sensation à Grenelle. Toutes les Petites-Sœurs voulaient la voir, entendre ses récits, et ses récits n'étaient pas ordinaires.

M. Niau était un inventeur, un explorateur, mort victime de ses expériences. Doué d'un grand esprit de foi, d'une âme droite, de belles qualités, il n'avait pas réussi cependant, et sa vie n'avait été qu'un tissu de sacrifices, d'efforts et de déboires.

« Hélas ! je le perdis trop tôt, écrivait Maria ; quelques années encore, il atteignait son but. Il nous laisse l'exemple d'une mort sublime. Mes enfants ne m'ont donné que de la satisfaction, et maintenant, à l'automne de ma vie, je pense au bonheur de la réunion et laisse ma barque voguer doucement vers le port... »

Elle-même nous fera le récit de ses aventures.

« M. Niau, après avoir vécu un peu en Angleterre, acheta des terrains en Nouvelle-France et partit un jour pour Sydney, m'emmenant avec la petite José.

» L'expédition ne réussit pas ; nous décidâmes que je resterais à Sydney avec ma petite fille pendant que mon mari irait à la Nouvelle-France par la première occasion et se rendrait compte de l'état des choses...

» Pour son propre compte et pour la culture des terrains qu'il croyait posséder, il acheta des graines, des outils, des chèvres et des armes. Après un certain délai, le *Génil* partit, ayant à son bord le capitaine Leroy, le missionnaire R. P. L..., M. L... et mon mari. Environ une semaine après ce départ, longeant la côte septentrionale de l'Australie, il arriva que la chaudière du navire fit explosion... On dut s'arrêter pour les réparations nécessaires, puis le *Génil* reprit sa route vers le Nord.

» En approchant de l'île qu'ils avaient quittée sept ou huit semaines auparavant, le capitaine et le missionnaire furent surpris de ne plus trouver aucun signe de vie aux abords de la colonie. C'est que, fatigués d'attendre, les colons s'étaient révoltés, beaucoup avaient succombé, les autres s'étaient fait conduire à Nouméa, en Nouvelle-Calédonie.

» Les quatre voyageurs se rendirent bientôt compte, par les petites habitations et les jardins commencés à défricher et à cultiver, que les Français et les Italiens avaient fait leur possible pour commencer la colonisation.

» Mais ceux qui se croyaient des droits aux terrains qu'ils avaient achetés avaient été frauduleusement trompés...

» Les malheureux s'aperçurent vite que le pays était habité par des noirs qu'il fallut se concilier en leur abandonnant une partie des objets apportés pour la colonisation. Il fallait toujours être sur ses gardes avec eux et la manière dont ils tâtaient les bras des blancs pour voir s'ils étaient à point n'avait rien de rassurant.

» Au bout de six mois d'une vie de souffrances et de privations, les véritables Robinsons aperçurent enfin un navire auquel ils firent des signes désespérés, et le capitaine consentit à les rapatrier, mais seulement après avoir terminé sa tournée. C'était un bateau marchand.

» M. Niau rentra chez lui dans un état lamentable ; j'eus peine à le reconnaître et la petite José poussa des cris de terreur.

» La Société des F. G. offrit une indemnité à mon mari avec la proposition de s'établir dans le nord de Queensland pour la culture de la canne à sucre.

» Nous prîmes une sélection contenant 1 280 ares de forêt vierge située sur les bords d'une rivière.

» L'indemnité nous permit de payer la première année d'achat, de pourvoir aux dépenses nécessaires et d'attendre quelque rapport. Le terrain, une fois cultivé, serait adapté à la culture de la canne à sucre ; les arbres, les lianes gigantesques et touffues donnaient une idée de la fécondité du terrain. Mais comment vivre au milieu de ces vastes broussailles ? C'est très simple : on dresse d'abord une tente sur une place un peu plus dénudée et, pendant que l'on vit sous la tente, les hommes du « settlement » abattent des arbres sur l'endroit désigné pour bâtir la maisonnette... Quand on a éclairci le terrain, on construit...

» Notre casa est bâtie sur des pieux, troncs d'arbres laissés entiers formant une petite colonnade de la hauteur d'environ trois mètres ; on posa dessus un plancher fait avec des planches sciées qu'on avait fait venir de la ville, ce qui est luxueux pour ces sortes d'habitations. Le toit est en feuilles de zinc, et des sacs de grosse toile bise, cloués à la charpente, forment les murs. Un escalier, genre chalet, conduit à la chambre supérieure. La salle à manger se trouve sous la colonnade. Comme cuisine, des troncs d'arbres avec des chenets ; le bois à brûler n'est que trop abondant et la seule difficulté est que le feu n'en consomme jamais assez.

» Il n'y a pas de bêtes fauves, mais en revanche force serpents et sur la rivière des alligators ou crocodiles.

» Un soir, pendant une absence de mon mari qui était descendu sur la rivière avec une charge de bois pour la scierie, je montai me coucher comme à l'ordinaire.

» Le lit de José était placé à côté du mien, mais en faisant continuation à la tête de mon lit, si bien que les deux oreillers se touchaient ; le bébé reposait dans son berceau. Mon petit chat était endormi sur l'oreiller ; je l'y laissai, contente de sentir sa douce fourrure. Tout à coup, je fus réveillée par un cri terrible, un cri de détresse... Effrayée, j'allume la lampe et mes yeux cherchent les enfants ; je les vois chacun paisible de son côté, je continue à regarder, quand j'aperçois, tranquillement enroulé sur le lit de ma fille, un gros serpent tacheté, espèce de boa, et... le malheureux petit chat avait disparu ! C'était son cri poussé en passant dans la gorge du reptile que j'avais entendu. Le serpent était venu le chercher sur mon oreiller...

» Le parti le plus sage était de lui laisser la place. Je ne me risquai pas à l'attaquer, mais prenant mon bébé dans mes bras et l'enveloppant d'une couverture, je réveillai José et nous descendîmes ensemble ; puis, allumant un bon feu, toute la nuit je montai la garde. Lorsqu'il fit jour, je me hasardai à monter, le serpent avait disparu.

» Un autre jour que mon mari était parti travailler après le repas de midi, j'entendis tout à coup dans la forêt, tout près de nous, le cri bien connu de coooo-co... C'est leur ralliement, un cri continu et pénétrant, et je pouvais les voir, suivant la lisière de la forêt épaisse, renouvelant ce cri, pour être suivis des autres. Probablement ils changeaient de région et toute la bande s'échelonnait ainsi.

» Pas trop rassurée, je tirai un coup de fusil, ce qui était le signal convenu pour appeler mon mari, et j'excitai nos chiens à aboyer. Notre habitation se trouvant sur une éminence, avec une éclaircie tout autour, c'est-à-dire parfaitement en vue, si les noirs découvraient la maison déserte ou gardée seulement par une femme, ils viendraient tout piller... aussi j'eus vite fait d'échanger mes vêtements contre ceux de mon mari et de rouler mes cheveux sous un chapeau de feutre mou que j'enfonçai bien sur ma tête ; je me brunis un peu la figure, puis, sortant gaillardement, bien en évidence, je m'activai à une chose ou l'autre... mon fusil était à ma portée et les chiens en éveil.

» Après une attente qui me parut longue, j'aperçus enfin mon mari sortant d'un fourré... j'étais rassurée, néanmoins nous fîmes bonne garde toute la nuit.

» Tout cela m'est arrivé plusieurs fois en cas de danger, inondation, feux pas éteints, etc.

» J'ai eu ainsi l'occasion d'admirer le beau ciel de nuit étoilé, les premières heures de l'aube, le réveil de la nature, chant des oiseaux, bourdonnement des insectes.

» La rosée est très épaisse pendant la nuit, si bien qu'aux premiers rayons du soleil la végétation semble couverte de diamants. La belle nature nous donnerait des compensations si nous avions l'esprit dégagé de tant d'inquiétudes.

» Tant que nous étions en bonne santé, nous pouvions encore nous tirer d'affaire. Avec un peu de prévoyance et beaucoup d'industrie, il était possible de faire face aux difficultés ; mais, vienne la maladie ou un accident, nous étions dépourvus de tout secours. Notre petite pharmacie n'était pas toujours bien montée et il fallait un temps considérable pour envoyer des commandes en ville et attendre le retour du bateau.

» Toutes les quinzaines, à jour fixe, lorsque l'état de la mer le permettait, un petit vapeur venait de Fort-Douglas apporter les lettres et envois de la ville.

» Le pays pourtant est sain, mais au commencement du défrichement on est sujet aux attaques de fièvre, la malaria, qu'il faut combattre avec la quinine.

» Mon mari fut pris de cette fièvre et son état devint grave au bout de quelques jours : je le soignai de mon mieux et m'inquiétai beaucoup ; parfois il était faible comme un enfant, d'autres jours, la force de la fièvre le portait presque à la violence. Il courait se jeter dans la rivière...

» Il y avait environ deux semaines qu'il était malade lorsqu'un homme qui chassait dans nos parages vint nous voir en passant. C'était le bon Dieu qui nous l'envoyait. Il me donna deux canards qu'il avait tués, et le lendemain, dès l'aube, grâce à lui, plusieurs hommes arrivèrent à notre sélection. J'étais debout déjà ; ils me firent préparer en hâte tout ce qui nous était nécessaire pour une absence prolongée, parce qu'ils allaient nous conduire à Fort-Douglas.

» Ils insistaient sur la nécessité de nous presser à cause de la marée qui devait faciliter notre départ.

» Pendant que je remplissais une petite malle, ces hommes abattirent deux jeunes arbres, y clouèrent des sacs de grosse toile et en firent une civière pour transporter mon mari sur le bateau qui les avait amenés. *Stella*, notre petite barque, fut attachée à la remorque pour servir au retour. La marmite et les canards faisaient partie du bagage, et nous partîmes.

» Quoique nous eussions mis autant d'activité que possible dans nos préparatifs, nous fûmes surpris par la baisse de la marée, et il nous fallut rester plusieurs heures sur un banc de sable... Le malade était en délire.

» Arrivés à l'embouchure de la Daintree, nous dûmes lutter contre le banc de sable qui ferme l'entrée de la rivière et qu'on ne peut passer qu'à marée haute...

» Nous attendîmes le jour pour prendre la pleine mer.

» Quoique plus grande que notre *Stella*, cette barque n'était pas un navire, mais les hommes qui conduisaient étaient expérimentés et j'avais toute confiance en eux.

» Il était environ 5 heures du matin, le samedi, quand nous partîmes de notre sélection, et ce ne fut qu'à 4 heures de l'après-midi, le jour suivant, que nous arrivâmes à Fort-Douglas.

» Mon mari y fut très bien soigné dans le Cottage-Hospital, et sa bonne constitution aidant, il se remit vite.

» Environ trois semaines après, nous pensâmes au retour que nous fîmes coïncider avec la visite du steamer.

» Peu de temps avant notre départ précipité, nous avions reçu toutes nos provisions... Quelle ne fut pas notre consternation en arrivant de voir que, pendant notre absence, tout avait été enlevé : sacs de farine, sucre, etc. Plus rien ! Provisions, couvertures, outils, tout avait disparu... Il fallut attendre une occasion pour faire une nouvelle commande en ville, et, pendant un mois, la vaillante José se nourrit uniquement de riz cuit à l'eau pour laisser le lait concentré à son petit frère Jack.

» Bientôt l'arrivée d'une chèvre sauva les deux enfants qui se développaient merveilleusement.

» Un ami vint nous voir, monté sur un cheval : Jack, qui n'avait que dix-huit mois, exprimait son étonnement de toutes les façons, croyant sans doute que l'homme et le cheval ne faisaient qu'un.

» J'avais peu de livres à ma disposition, mais ceux qui me restaient furent bien utilisés : notre petite fille sut lire de bonne heure, et, pendant les heures de loisir, son père, qui était éminemment artiste, lui apprit à manier le crayon.

» Selon toutes probabilités, ce genre de vie pouvait durer plusieurs années et je tenais beaucoup à ce que nos connaissances tournassent à l'avantage de nos enfants.

» La culture de la canne à sucre ne nous rapporta pas ce que nous en attendions.

» Une Compagnie avait promis de monter un moulin sur la rivière si les planteurs pouvaient garantir une certaine quantité de cannes à broyer. Le moulin ne s'établit pas, et cette canne à sucre, qui nous avait coûté tant de labeurs et de temps, dut rester sur place.

» Mon mari, dont l'esprit était fertile, se reporta sur les inventions qu'il voulait mettre à jour ; il s'y consacra exclusivement avec les matériaux qu'il avait sous la main, mais les objets indispensables venant à lui manquer, il résolut de partir pour Sydney où il continua ses expériences. »

Ce revoir fut un rayon de soleil pour Mère Marie du Saint-Sacrement et ses filles qui ne se lassaient pas d'écouter la vaillante narratrice. Puis elles se quittèrent pour toujours.

Peu après son retour en Australie, Mme Niau eut la douleur de voir son fils Jack tomber sous les balles ennemies durant la Grande Guerre. Il mourut en Palestine. Sa mère ne put supporter cette épreuve : elle était déjà malade et resta paralysée, n'ayant plus à ses côtés que José qui entoure et console ses derniers jours.

Cette pénible situation avait une répercussion douloureuse dans le cœur de Mère Marie du Saint-Sacrement, et quand elle recevait des lettres de Sydney, elle pleurait en les lisant. Mais, tout de suite, elle se reprenait, ne se laissant jamais absorber par une épreuve qui lui était personnelle. D'ailleurs, sa vie était un enchaînement ininterrompu de soucis, d'épreuves, de travaux... et elle allait toujours avec *plus d'amour que de crainte*.

X

Durant la Grande Guerre

Avec l'esprit surnaturel qui imprégnait toute sa vie, il était facile à Mère Marie du Saint-Sacrement de voir Dieu, sa sainte volonté et ses desseins sur le monde, dans tous les événements.

Selon sa belle expression, « elle était sûre de Lui », et cette confiance lui donnait du calme et du bonheur, même au milieu des plus grandes tempêtes.

En 1914, quand éclata la guerre, elle réunit ses filles; c'était le 1er août :

Il est réconfortant pour nous, dans les jours d'angoisse que nous traversons, de nous rappeler le miracle de la délivrance de saint Pierre dont nous faisons la fête aujourd'hui. Remarquez tout d'abord que c'est seulement la veille du jour où il devait être conduit au supplice que l'ange vint le faire sortir de sa prison ; ce n'est pas huit jours avant, mais la veille !... C'est quand tout semble perdu que Dieu intervient, pour mettre notre foi à l'épreuve et mieux faire ressortir la grandeur de sa puissance et de sa miséricorde...

Les heures que nous vivons en ce moment sont bien angoissantes, les châtiments que nous avions à redouter sont sur le point d'éclater. Quels doivent être nos pensées, nos sentiments?

C'est de nous oublier nous-mêmes pour ne voir et ne désirer que la plus grande gloire de Dieu et ce qui peut le plus procurer son règne...

Répétons cent fois par jour notre devise : « Oui, mon Dieu, votre règne à tout prix. »

Est-ce que les soldats qui partent ne sont pas prêts à donner leur vie ? Si nous étions des hommes, ne devrions-nous pas aussi aller à la mort ?...

Soyons prêtes du moins à nous sacrifier selon qu'il plaira à Notre-Seigneur... Les méchants sont nombreux, mais les anges le sont plus encore. Un seul a délivré saint Pierre de ses liens...

Prions et espérons !

La Supérieure générale agit aussi.

A Grenelle et dans presque toutes les maisons s'ouvrent les ambulances ; et, sans laisser leur chère mission, les Petites-Sœurs soignent avec zèle les blessés du front.

Elles les préparent soit à partir pour le ciel comme de vaillants martyrs du devoir, soit, pour le plus grand nombre, à retourner à cet héroïque devoir.

Les annales ont conservé de touchants souvenirs de ces années inoubliables.

« Qu'il est dommage, ma Mère, écrit à Mère Marie du Saint-Sacrement une Petite-Sœur, que vous ne puissiez venir faire une visite à notre pavillon ; vous seriez émue et ravie de vos « fils », tous si jeunes en ce moment.

» Sûrement vous vous arrêteriez près d'un petit soldat de dix-huit ans... il a les pieds gelés et le médecin n'est pas sans inquiétude à son sujet. Il nous est arrivé des Eparges.

» Son uniforme était dans un tel état, couvert d'une si épaisse couche de boue, qu'on n'a pas voulu nous le laver au dehors.

» Dans sa poche, Sœur M. a trouvé les débris d'un chapelet... C'était son chapelet des tranchées. « Oh ! que » j'en ai vu, ma Sœur !... On lit bien des choses dans

» les livres, mais ma meilleure leçon, c'est la guerre...
» J'ai fait le vœu là-bas que si je m'en tirais, je ferais
» la communion tous les jours pendant un mois. »

» Son camarade de chambre a vingt ans ; il a l'air, lui aussi, d'un vrai bébé... il reprend un peu de vie depuis quelques jours.

» Dans la pièce voisine est notre benjamin arrivé hier ; il a seize ans et se bat depuis le mois de septembre.

» En passant devant lui, l'officier de visite dit à Sœur M.-P. : « Mais, ma Sœur, je croyais que vous
» soigniez les soldats et non les enfants ?... — Capi-
» taine, après sept mois de tranchées, les enfants sont
» des hommes. »

» Oui certes, c'est bien un homme ce petit soldat, enfant de troupe, qui, lorsque son école a été licenciée, s'est faufilé dans un régiment en partance « parce que si j'arrive au front, on me prendra toujours ».

» Au front, il a retrouvé son frère et le colonel l'a gardé, le mettant toujours à l'arrière comme un enfant ; mais comme à chaque assaut il le trouvait au premier rang, il a fini par le traiter comme il le mérite...

» Je vous assure que l'entrain et le cœur de nos petits soldats font du bien, et l'on ne peut s'empêcher d'espérer pour le salut de notre pauvre France... »

Malgré ses occupations, la Mère générale ne manquait pas de visiter souvent l'ambulance de Grenelle. Elle y assistait aux petites fêtes, heureuse de trouver ses enfants de guerre si contents chez elle et ne formant qu'une famille entre eux dans l'unité des esprits et l'union des cœurs.

« Nos soldats sont arrivés à souhaiter avec beaucoup de solennité, et surtout beaucoup de gaieté, la fête de

Mère M. J.-L. Il faut dire que saint Joseph avait facilité les choses, en envoyant, pour ce 18 mars, un beau soleil de printemps et, mieux encore, les heureuses nouvelles des succès de nos troupes qui avaient mis tout le monde en train. Il avait donc soufflé sur l'ambulance un bon vent d'espérance. C'était un plaisir d'entendre nos blessés gémir d'être dans un lit, au lieu d'être où l'on se bat.

» C'est consolant de voir que s'ils ont des moments de fatigue, il y a en eux un fond de confiance et de courage qui relève bien vite.

» Ces derniers temps, ils n'avaient pas le loisir d'avoir des idées noires, car depuis une quinzaine ils travaillaient activement à préparer la fête de dimanche, et, chaque jour, après les pansements, la grande table se transformait en atelier de fleurs. Tous, même les manchots, se mettaient au travail, sculptant, après les avoir pétries, des boules de mie de pain, les modelant en pétales de roses, d'anémones... Ces fleurs, une fois peintes, étaient si délicates qu'elles ne semblaient pas sorties de leurs rudes mains. »

Un jour, notre Mère vint pour une petite fête que voulaient lui faire les blessés à l'ambulance de Batignolles.

Après les avoir remerciés, elle leur dit, avec son accent pénétrant que l'on n'oubliait plus :

Mes amis, savez-vous pourquoi vous êtes si heureux ici, le savez-vous ? Eh bien, c'est parce que vous êtes dans la maison du bon Dieu, et là, il y a la joie et la paix...

A cette ambulance de Batignolles une Petite-Sœur meurt sur la brèche. Sa courte maladie ne fut qu'un long soupir vers le paradis qu'elle appelait de tous ses vœux. Jusqu'à la dernière minute, elle ne se départit pas de sa belle confiance ; pas une crainte, pas une angoisse, pas un doute...

« Ma vie est finie, je vais au ciel, j'y touche. . Ah ! disait-elle à notre bon et saint docteur, ne me faites pas manquer mon coup, j'en ferais une maladie. »

Elle ne manqua pas son coup, la chère Petite-Sœur Marie Saint-Georges de Jésus, et, dans un bon sourire, elle déploya ses ailes vers la grande patrie.

« Nos soldats furent frappés de cette mort si foudroyante, eux qui l'avaient vue se donner jusqu'au dernier moment avec tant de générosité, tombant en travaillant encore.

» — Ma Sœur, dit l'un d'eux, je sais bien qu'on ne peut pas donner de fleurs ni de couronnes, puisque c'est défendu... mais une palme, ce n'est pas une couronne ; est-ce que nous ne pourrions pas offrir pour la Petite-Sœur une palme qui resterait en souvenir des blessés reconnaissants ?...

» Cette permission ne fut pas accordée ; mais nos bons soldats pensèrent qu'ils n'avaient pas fait vœu d'obéissance, et la palme fut apportée. Ils décidèrent entre eux que, ne pouvant la poser sur le cercueil, deux soldats la porteraient derrière le corbillard.

» Le dimanche, à 10 heures, notre Sœur fut mise en bière. Lorsqu'on prévint que le corps allait passer, tous les soldats se découvrirent ; on n'entendit plus un mot et leur impression fut grande en voyant le petit cercueil de bois blanc comme en ont les plus pauvres. Lorsque le cortège franchit la grande porte, un de nos soldats, portant le drapeau offert par nos blessés, l'inclina profondément vers le cercueil, comme pour saluer, au nom de la France, l'humble petite victime qui s'était offerte si simplement pour le rachat de son pays. »

Mère Marie du Saint-Sacrement savait maintenir bien haut le moral de ses filles, et la pensée de l'expiation, de la réparation, du don de soi, était la note habituelle qu'elle soutenait avec son admirable esprit de foi.

Oui, mes chères filles, c'est à nous à apaiser la Justice offensée. Aux blasphèmes, opposons nos adorations et nos louanges ; à la haine, opposons notre amour ; à la révolte, opposons notre soumission, nos services empressés et généreux. C'est là notre premier devoir comme religieuses. Le second, comme Petites-Sœurs, est de faire rentrer Notre-Seigneur dans la famille et dans la société. Il faut faire plier les genoux pour l'adorer, ouvrir les lèvres pour le prier et le bénir, rétablir ses droits, soumettre les cœurs à son autorité... Donc, mes chères filles, en face de la grande calamité que nous subissons, voyons surtout la Justice divine outragée et l'expiation nécessaire. Ne craignons pas de le dire, de le faire accepter dans le monde, car le bon Dieu n'accordera le pardon que si on le lui demande, et la paix qu'à la condition qu'on cessera de lui faire la guerre.

Les Petites-Sœurs de Reims, vaillamment soutenues par la Supérieure générale, se montraient dignes d'être ses filles. Elles écrivaient en pleine tourmente : « Nous ne sommes pas encore fixées sur le nombre de projectiles que nous avons reçus ; les coups étaient tellement précipités qu'il nous semblait que tout tombait sur la maison.

» C'est hier soir, vers 11 1/2, que tomba la première rafale ; nous dormions profondément dans notre fond de cave. Quel réveil ! Vers 2 heures, seconde rafale. Nous prions, mais ne bougeons pas... Ce ne fut que le lendemain qu'on put se rendre compte des dégâts...

« Le toit est à jour, et même en grande partie disparu. Au deuxième, au premier, les plafonds sont tombés. Nous avons trouvé deux têtes d'obus à la communauté du premier étage : l'une était restée suspendue au plafond dans les lattes de bois, l'autre dans une de nos robes neuves qui gisait lamentablement au fond de l'armoire, si sûre, où on les avait réfugiées. »

A Lille, la situation est extrêmement pénible. Mère Marie du Saint-Sacrement essaye tout pour avoir des nouvelles de ses filles. De temps en temps, il lui en arrive ; elles sont douloureuses.

De longues heures se passaient dans les caves.

« A 9 heures sonnant, le bombardement commence jusque vers 2 heures ; nous essayons alors de sortir, heureuses de nous retrouver toutes au grand jour. Notre reconnaissance monte fervente vers le bon Dieu et nous nous disposons à passer la nuit en adoration.

» Hélas ! à 9 h. 1/2 du soir, une détonation formidable se fait entendre. « A la cave ! à la cave ! » c'est le mot d'ordre.

» Mère M. T.-E.-J. ferme la porte du tabernacle portatif et l'emporte avec nous à la cave où nous continuons notre adoration. Nous renouvelons nos vœux et faisons notre préparation à la mort, suivie du baiser de paix.

» La nuit se passe, longue et angoissante. A 7 heures, on entend de violents coups de sonnette : « Mes Sœurs, » mes Sœurs, ouvrez vite, la ville est en feu, le gaz va » sauter ; nous sommes tous perdus !... »

» On ouvre la porte, des centaines de personnes se précipitent dans la maison ; elles ont les cheveux en désordre, le visage noirci, elles ont été à moitié englouties dans leurs caves effondrées ! »

Que de fois les couvents des Petites-Sœurs ont été le refuge de ces infortunes !

A la maison-mère, la Supérieure générale, obéissant à la sirène, se mettait aussi au régime de la cave ; elle y descendait une des premières et c'était elle qui organisait la prière, presque toujours les bras en croix, et avec quelle ferveur ! A ses côtés, personne n'avait peur, on se sentait bien gardé.

Son calme, sa confiance rayonnaient autour d'elle, et lorsqu'elle entonnait les invocations : « Cœur sacré de Jésus, j'ai confiance en vous », toute son âme semblait vibrer d'amour pour Notre-Seigneur.

Et comme elle a raison d'être sûre de lui ! Partout les Petites-Sœurs, durant ces dernières années, ont été visiblement protégées. Soit à Reims, à Lille, en Belgique, elles sont demeurées enveloppées dans la confiance de leur sainte Mère que la Providence semblait conduire par la main.

A Marseille, à Clermont, on insiste pour avoir les Petites-Sœurs dans les ambulances. La Supérieure générale les y envoie et fonde ainsi deux nouveaux centres importants pour la Congrégation.

Puis elle cherche un refuge pour les novices qu'il faut absolument éloigner de Paris. Monseigneur de Toulouse propose « La Fourguette », maison de campagne de son Séminaire. Elles s'y installent dans la solitude.

Mère Marie du Saint-Sacrement va les visiter. « Les colombes », comme elle aimait à nommer ses « voiles blancs », sont fières de l'entourer et de lui faire admirer les beautés de la nature : « Avant-hier soir, notre Mère était en admiration devant un splendide coucher de soleil ; hier, c'était les Pyrénées qu'il fallait regarder, et les allées ne suffisant point, c'est dans les avoines coupées que le petit groupe contempla les multiples couleurs du ciel. C'était à qui découvrirait le plus beau nuage, pour le montrer à notre Mère... »

Et les « voiles blancs » lui chantaient :

« Dans ce nid, sous le ciel bleu,
Parmi la verdure,
Comme l'âme reste pure
Et monte vers Dieu ! »

XI

Dernières années

Le soir du 12 juillet 1921, après l'office, toute la communauté était réunie à la chapelle basse dans un silence où l'on sentait planer un événement, une solennité inattendus.

Le R. P. Joseph Maubon, Vicaire général des Augustins de l'Assomption, assisté du R. P. André, Supérieur ecclésiastique, et du R. P. Stéphane, gravit les marches du sanctuaire et communiqua la grande nouvelle :

« C'est avec un double sentiment de reconnaissance et de joie que je vous communique la faveur que Notre Saint-Père le Pape vient de nous accorder. Sa Sainteté daigne, à la demande de S. Éminence le cardinal Dubois, archevêque de Paris, conserver à la tête de votre Congrégation la très aimée Mère qui la gouverne, vous savez avec quelle suave et forte autorité, depuis le départ pour le ciel de votre fondatrice.

» Avec moi et avec tous vos humbles frères, mes fils, vous verrez en cette faveur, outre une consécration providentielle des intentions de vos fondateurs et la haute approbation de la bonne marche de votre famille, comme l'heureux augure de bénédictions nouvelles que vous vaudront les vertus héroïques des deux âmes qui vous ont donné la vie.

» Votre Mère Générale représente la fidèle et vivante

tradition de vos humbles commencements ; elle a été la confidente du Père et de la Mère ; depuis trente-huit ans, ses paroles et ses actes sont l'expression de leurs volontés, la réalisation de leurs projets, la traduction de leur esprit, la continuation de leur gouvernement. Elle est bien le type idéal de la Petite-Sœur de l'Assomption.

» Vous ne pourriez être en de meilleures mains. C'est ce que le Pape a souverainement approuvé. »

L'instance de S. Em. le cardinal Dubois, archevêque de Paris, avait sollicité humblement que Sœur Marie du Saint-Sacrement puisse rester dans sa charge jusqu'à la fin de sa vie, appuyant sur ce qu' « elle s'est acquittée et s'acquitte de cette fonction d'une manière qui est au-dessus de tout éloge, et toutes ses religieuses l'entourent de la plus grande vénération. »

Le rescrit du Souverain Pontife était daté de l'audience du 21 juin 1921.

Dès qu'elle eut entendu les décisions du Souverain Pontife, Mère Marie du Saint-Sacrement vint humblement s'agenouiller sur la tombe des fondateurs autour de laquelle se déroulèrent tous les grands événements de sa vie et de la vie de la Congrégation, tellement liée à la sienne. C'est là qu'elle sollicita du R. P. Joseph Maubon sa bénédiction et qu'elle s'inclina de nouveau sous le joug porté avec tant d'amour et de vaillance depuis près de quarante ans.

Lorsque, le soir, la Mère parut à la récréation au jardin, ce fut une explosion de joie et de filiale reconnaissance. Elle ouvrit ses bras comme pour y attirer sa famille si aimée et si aimante, et la serrer sur son cœur.

Ce fut un instant d'effusion intime et profonde, inoubliable. Toutes les Petites-Sœurs qui eurent la consolation de le vivre en gardent un très doux souvenir.

C'était bien, comme l'exprima Mère Marie du Saint-Sacrement elle-même, la douceur d'un soir... d'un soir d'été radieux, d'une vie bien radieuse aussi qui se répandait en bonté, en amour, en sainteté... avant de s'éteindre.

Parmi les Petites-Sœurs, tout au grand bonheur de nommer Mère Marie du Saint-Sacrement *leur Mère à vie*, aucune ne pouvait penser que ce bonheur serait si court.

Elle, cependant, envisageait cette dernière période de son existence comme devant bientôt finir et elle ne songeait plus qu'à tenir son âme toujours prête.

Ainsi en témoigne ce passage de la lettre circulaire qu'elle adressait à la Congrégation le 15 juillet 1921 :

... Je ne puis que répéter le mot d'ordre de cette année : « Me voici, ô mon Dieu, pour faire votre volonté. » Faut-il vous dire, mes chères filles, que je sens plus fortement ce troisième clou qui me fixe à la croix jusqu'à la fin de ma vie !

J'ai tout reçu de la Congrégation, il est bien juste que je lui donne tout ce qui me reste de force et de vie.

Par une coïncidence frappante, c'est encore à l'heure de l'*Angelus* que le décret de Rome m'a été transmis ; mais remarquez que c'était l'*Angelus* du soir. Il y a bientôt trente-huit ans, l'*Angelus* de midi entendait mon *Fiat ;* j'avais alors trente ans !

Maintenant, c'est le soir de la vie qui s'annonce ; donc, obligation plus grande, plus pressante, de me sanctifier et de vous aider aussi efficacement à répondre aux desseins de Dieu sur vous...

Au début de ma charge, alors que le poids s'en faisait déjà sentir, notre vénéré Père me dit, avec sa finesse habituelle : « Mon enfant, vous êtes condamnée aux travaux forcés à perpétuité... »

Cette parole devient une prophétie et une nouvelle marque de sa sainteté, puisque la faveur obtenue renverse les lois ordinaires établies à Rome.

De nouveau, mes bien chères filles, je me redonne à Notre-Seigneur, à ma famille religieuse et à chacune de vos âmes, en ajoutant d'un cœur ému : et ce, pour toujours !

Votre bien indigne Mère

MARIE DU SAINT-SACREMENT.

Pour le « soir de sa vie » la Providence avait ménagé une grande joie à Mère Marie du Saint-Sacrement. Elle était appelée par le tribunal diocésain de Paris à donner son témoignage sur la sainteté de la Vénérée Mère Marie de Jésus.

Dans la chapelle basse de Grenelle, à quelques pas de la dalle qui recouvre les restes des deux fondateurs, elle s'exprimait ainsi, le 15 octobre 1921 :

Ce n'est pas sans émotion que je viens vous parler ce soir sur cette tombe, au lendemain du jour où s'est ouvert le procès informatif de la cause de béatification de notre vénérée Mère. Il n'y a pas d'événement plus heureux pour une famille religieuse.

Sur son lit de douleur, notre vénérée Mère avait la consolation de dire : « Un souffle de sainteté passe sur la Congrégation tout entière. »

Si elle est notre Mère, elle est en même temps notre modèle, le type achevé de la Petite-Sœur. Nous héritons de la sainteté de nos fondateurs ; sachons faire fructifier ce trésor.

J'espère, mes bien chères filles, que nous vivrons de telle sorte que l'on se sentira vraiment dans une atmosphère de sainteté dans toute la famille.

Du mois d'octobre au mois de février eurent lieu tous les samedis, de 9 heures du matin à 5 heures du soir, les séances du tribunal pour le procès informatif de la cause de béatification et canonisation de la Mère Fondatrice.

Ces auditions de témoins avaient lieu à la chapelle

Saint-Michel où une table avait été dressée devant la statue de l'Enfant Jésus de Prague.

Le 5 novembre 1921 marque une date mémorable dans l'histoire de la Congrégation. Celle qui reçut en dépôt de la Vénérée Mère Marie de Jésus mourante le don de son cœur, révéla ce cœur qu'elle connut mieux que personne et donna à la sainte Eglise le témoignage de ses héroïques vertus :

« Nous avons hâte de vous entendre », disaient les membres du tribunal à Mère Marie du Saint-Sacrement.

Plus tard, l'un de ces messieurs, rappelant l'impression dont il n'avait pu se défendre en écoutant la déposition de la Supérieure générale, qui prit deux séances, s'exprimait ainsi : « Nous avions le sentiment que c'était une sainte qui déposait pour une autre sainte... » Mot qui rappelle celui de saint Thomas sur saint Bonaventure absorbé dans son travail sur la vie de son séraphique Père saint François : « Laissons, disait-il, un saint travailler pour un autre saint » ; et l'Ange de l'Ecole s'en retourna sans avoir osé l'interrompre.

Pour Mère Marie du Saint-Sacrement, elle sortit radieuse de la séance du tribunal et dit à la secrétaire : « C'est vraiment le plus beau jour de ma vie. »

Elle allait finir cette vie. Ses heures étaient comptées.

Le 26 décembre 1921, elle envoie le mot d'ordre pour la nouvelle année :

Spiritus Sanctus superveniet in te, et virtus Altissimi obumbrabit tibi.

Notre sanctification est tout spécialement l'œuvre du Saint-Esprit, la fécondité de notre apostolat l'est aussi. Livrons-nous donc plus que jamais à son action.

Dans la lutte contre nous-mêmes, alors que la vertu nous

coûte davantage, entendons notre bon ange nous dire : *Spiritus Sanctus superveniet in te.*

Dans la mission aussi, aux heures difficiles où il faut arracher les âmes au démon, cette même pensée nous soutiendra.

Nous avons à notre disposition des énergies divines, sachons nous en servir...

Sans doute, l'œuvre que nous avons entreprise est grande et au-dessus de nos forces : notre sanctification et l'apostolat ; mais ce mot d'ordre sera une prière de tous les instants :

« O Esprit Saint, survenez en moi ! Couvrez-moi de votre ombre... ombre bénie et protectrice, derrière laquelle nous reposerons en paix !... »

Avant le grand repos, la Mère Générale avait encore tout un programme à remplir.

En février 1922, elle se remit en voyage, elle semblait se hâter et n'acceptait aucun écart à son itinéraire.

Son recueillement était plus profond, plus grave même ; mais son cœur, qui avait souffert, se faisait sentir plus aimant, plus maternel encore. Selon son habitude, elle voulait le bonheur et la joie pour les autres, le sacrifice pour elle-même.

A sa compagne de route, elle donnait tous les adoucissements possibles et n'acceptait comme son bien propre que la peine et le labeur.

En voyage, elle n'emportait rien comme bagages personnels, ses besoins étaient réduits à la plus simple expression ; pourtant elle n'oubliait jamais sa discipline dont elle faisait un usage alarmant pour ses voisines de cellule.

Toutes les nuits, elle se flagellait rudement, car la réparation lui était devenue une nécessité, une véritable mission dont elle sentait toute l'attirance. Elle voulait réparer pour les pécheurs, consoler le Cœur de Notre-Seigneur... « Le sacrifice, c'est cela qu'il aime ! »

Sa santé cependant aurait pu la dispenser d'un surcroît de pénitence. Une toux fréquente la fatiguait beaucoup, elle n'en faisait aucun cas et ne s'arrêtait pas.

En six semaines, elle visita ses maisons de Toulouse, de Perpignan où elle salua pour la dernière fois son cher Canigou et prêta une oreille admirative au carillon de la cathédrale qu'elle aimait. Puis elle passa, semant la ferveur et l'édification, à Cette, Montpellier, Nîmes, Clermont et Blanzat.

Le 23 mars, elle rentrait à Paris sur un tapis de neige, cette belle neige qu'elle admirait parce qu'elle y trouvait un symbole de la pureté virginale.

Elle voulait être à Grenelle pour fêter l'Annonciation avec les Dames-Servantes qui tenaient une grande place dans son cœur et pour célébrer avec ses filles le *Fiat* de Marie qui avait si souvent fait le thème de ses instructions.

C'est par l'habitude du *Fiat* dans les petites choses, dans les actes de renoncement quotidiens, que nous obtiendrons la grâce de la générosité dans les plus grands sacrifices qui pourront nous être demandés.

Oh ! que je voudrais pouvoir imprimer fortement cette pensée dans vos cœurs !

Je voudrais que le *Fiat* soit le dernier mot qui s'échappe de mes lèvres, qu'il soit le seul souvenir laissé à la Congrégation, alors que je disparaîtrai ; et la seule récompense des petits services que j'aurai pu lui rendre serait de vous voir toutes soumises à la volonté de Dieu dans un amoureux et constant *Fiat*.

Donnez surtout cette joie à Notre-Seigneur. Il n'attend que votre acquiescement pour faire de vous des saintes.

(Chap., 31 mars 1917.)

XII

« Fiat!... Ecce Ancilla!... »

Le matin du 25 mars 1922, après la messe où les Dames-Servantes avaient renouvelé leurs promesses, Mère Marie du Saint-Sacrement fut demandée au parloir par une miraculée de la Mère Marie de Jésus qui, guérie d'une plaie incurable, voulait lui exprimer sa reconnaissance.

Toute à la joie de voir cette pauvre femme, la Mère qui, malgré les ans, avait conservé dans ses allures quelque chose du « petit papillon » de son enfance, descend rapidement l'escalier ciré qui conduit au vestibule, elle manque la dernière marche, et, on ne peut s'expliquer comment, va s'abattre violemment devant la salle Saint-Etienne.

Elle dit avoir senti comme une force qui la soulevait. Quoi qu'il en soit, cette chute est restée incompréhensible.

On la relève très pâle, les Sœurs infirmières la transportent sur une chaise à porteurs jusque dans sa cellule.

Malgré sa souffrance, elle trouve encore le moyen de sourire et de rassurer ses filles : « Rien de grave ; voyez, on me porte comme le Saint-Père sur la *sedia*... »

Le chirurgien ne juge pas le cas alarmant ; il pense même qu'un peu de mouvement sera salutaire pour éviter la congestion.

La Mère donne alors l'exemple du plus généreux des *Fiat.* En pleine activité, elle sent que Dieu l'arrête ; en quelques minutes, elle est devenue l'infirme que l'on conduit en voiture, soit à la chapelle, soit à son cabinet de travail. « *Fiat*, comme il voudra. » Elle ne demande aucun renseignement sur son état ; elle n'en veut pas avoir, elle ne fait aucune question.

— Que dit le docteur, ma Mère ?

— Je n'en sais rien, ma fille, comme le bon Dieu voudra, il sait bien ce qu'il me faut.

Les mouvements lui étaient pénibles, mais comme le docteur avait ordonné un peu d'exercice, consciencieusement elle se soulevait de temps en temps de son fauteuil et faisait quelques pas. Un jour même, traversant au bras de deux Sœurs les couloirs de l'infirmerie et descendant à grand'peine l'escalier, elle vint trouver ses filles en récréation à la communauté.

Elle assistait à tous les offices à la chapelle sur son fauteuil roulant et présida même de cette façon une cérémonie de profession.

Quand vint la fête de l'Ascension, elle voulut, pour les Vêpres chantées, faire le suprême effort de se tenir dans sa stalle, et pour la dernière fois elle présida au chœur, heureuse de célébrer les louanges du bon Dieu au milieu de ses filles, les postulantes, les novices, les professes, tellement habituées à être entraînées à la prière par leur sainte Mère.

Mais cet acte d'héroïsme coûta cher à la pauvre malade qui souffrit un vrai martyre et fut reconduite avec peine à sa cellule qu'elle ne devait plus quitter.

« Encore un peu de jours et nous ne la verrons plus », pensaient les Petites-Sœurs, au soir de l'Ascension

Finalement, il avait été constaté que Mère Marie du Saint-Sacrement, dans sa chute, s'était cassé le col du fémur : elle était donc condamnée au repos complet.

— Vous avez une pauvre Mère fêlée, disait-elle en riant.

Le 27 mai, réunissant toutes ses forces, elle écrivit une dernière circulaire à la Congrégation :

Mes bien chères Filles,

Après nous être renouvelées dans la dévotion au Saint-Esprit par le mot d'ordre de cette année, il me semble bien nécessaire de profiter des fêtes de la Pentecôte pour nous renouveler dans l'esprit spécial de notre vocation qui est avant tout l'apostolat.

C'est une grâce insigne d'être associées à la mission des apôtres, mais aussi, nous devons en avoir les vertus.

Après la descente du Saint-Esprit, les apôtres se sont partagé le monde, bravant tous les dangers ; leur devise était bien aussi : *Adveniat regnum tuum !*

Oh ! qu'elle était ardente la flamme apostolique dans le cœur de nos vénérés fondateurs ! Ecoutez notre bon Père : « Infatigable autant que désintéressée dans son zèle, la Petite-Sœur n'y mettra d'autre limite que le dernier malade pauvre à soigner, à instruire et à sauver. »

« Une Petite-Sœur, disait notre Père, doit être prête à aller au bout du monde pour le salut d'une âme, sinon elle n'est pas une Petite-Sœur. »

Aussi, comme il était ému en recevant les vocations des pays étrangers ! Il avait le plus grand respect pour celles qui sacrifiaient ainsi, et souvent sans retour, leur pays et leur famille ; il voulait qu'elles soient traitées avec grande délicatesse et charité fraternelle.

Il est à remarquer que, même au début de l'œuvre, il y avait dans la petite communauté des nationalités différentes. N'était-ce pas déjà un signe que nous étions appelées à nous répandre dans le monde ?

Ne laissez pas s'attiédir, encore moins se refroidir, cette flamme de l'apostolat par des vues humaines et des sentiments naturels !

Laissons-nous animer par le souffle du Saint-Esprit, et que, par sa grâce, chaque Petite-Sœur devienne vraiment un apôtre. Ces jours derniers, cinq Petites-Sœurs françaises sont parties pour l'Angleterre, pleines de courage et d'entrain, comme de vraies missionnaires.

Bientôt, d'autres devront s'embarquer pour l'Amérique du Nord et l'Amérique du Sud ; ce sont des sacrifices, mes bien chères filles, qui feront circuler dans la Congrégation une sève abondante et vigoureuse ; autrement, gare à l'anémie !

Faites un sérieux retour sur vous-mêmes au point de vue du zèle. Un apôtre doit être toujours prêt à se sacrifier pour Dieu. S'il en est ainsi, c'est bien ! Sinon, il y a baisse dans votre âme.

Oh ! que la fête de la Pentecôte nous apporte les grâces qui lui sont propres, et que la chère maison-mère soit comme un Cénacle permanent où se préparent des légions d'apôtres.

Mettons-nous toutes sous l'influence du Saint-Esprit, pour n'être plus que ses instruments auprès des âmes, partout et dans le monde entier.

Je vous bénis, mes chères filles, de tout cœur en Notre-Seigneur.

Votre bien indigne Mère,

MARIE DU SAINT-SACREMENT.

Après avoir terminé ce travail, la Mère avait 40° de fièvre.

Le docteur vint à ce moment et constata un point de congestion.

Durant plusieurs jours, elle souffrit beaucoup ; ce fut sa manière de s'unir au Congrès eucharistique de Rome qu'elle suivait avec émotion.

Le 9 juin, elle reçut l'Extrême-Onction des mains du R. P. André, avec une douce sérénité et un abandon complet.

Cette nouvelle, répandue dans tous les centres de Petites-Sœurs, fit affluer ses filles vers Grenelle. Chacune voulant revoir la Mère aimée, les Sœurs entraient par groupes dans la cellule, recevaient sa bénédiction et lui disaient quelques paroles d'adieu.

S. Em. le cardinal Dubois, Mgr Roland-Gosselin, Mgr Thomas, les Pères de l'Assomption, vinrent aussi, si bien qu'à la fin de la journée, la Mère mourante avait accompli un travail qui aurait fatigué une personne bien portante.

Puis arrivèrent les Supérieures des maisons de France et de Belgique.

« Marie du Saint-Sacrement, ma fille, lui avait dit un jour le P. Pernet, il faudra vous laisser manger jusqu'au bout. »

Forte de son mystère et de cette parole, la Mère se dépensa, se donna jusqu'au dernier soupir. C'était tout son désir. Dieu permit qu'elle le réalisât en faisant un bien immense à toutes les personnes qui approchèrent de son lit d'agonie.

Elle a laissé des paroles qui, pour ses filles, sont devenues des mots d'ordre inoubliables :

Nous ne devons pas nous compter... la vie est si courte !

Je vous jette dans le Cœur de Notre-Seigneur, mes chères filles que j'ai tant aimées...

Je suis tranquille, tout ira bien.

Comme une Sœur lui disait qu'elle la quittait pour aller à la méditation :

— Il faut toujours aller à son devoir.

Et quand tinta l'*Angelus* :

— Aimez l'*Angelus*, mes enfants ; ayez la dévotion du *Fiat*, c'est la meilleure prière.

Chaque année, les Petites-Sœurs souhaitaient la fête de leur Mère, le mercredi avant le *Corpus Domini ;* elles vinrent donc en petite députation, le 14 juin, lui présenter leurs vœux et lui montrer les chants et poésies que filialement elles avaient préparés à cette intention. La Mère eut un bon sourire admiratif.

— Cette année, dit-elle, Notre-Seigneur fera lui-même le programme de la fête... ce sera une belle fête...

— Ma Mère, que voulez-vous que nous lui demandions pour vous?

— Oh ! je ne puis désirer que sa gloire !

Et pensant que le divin appel se ferait peut-être entendre pour la fête du lendemain :

« Oh ! c'est digne de lui ! Qu'il est délicat ! »

A Mère Marie-Louise-Thérèse qui lui conseillait de se reposer, d'essayer de dormir :

« Oh ! j'aime mieux veiller pour attendre l'Epoux ! »

Le soir, au début de la récréation, les Sœurs se groupèrent sous la fenêtre de sa cellule et chantèrent les cantiques de son choix. Péniblement elle se redresse pour les voir toutes, lève la main pour les bénir et murmure :

« Quelle belle famille ! ... »

Au P. André qui entre à ce moment, elle répète :

« Voyez, mon Père, quelle belle famille ! »

On lui lit un passage de sainte Gertrude ; la Mère fait signe que cela lui pénètre le cœur, puis d'une voix haletante :

« Cela me rappelle les beaux vers de Lamartine :

« Quand mon heure viendra, souviens-toi de la tienne,
» O toi qui sais mourir !... »

» Qu'il a été bon Notre-Seigneur de vouloir passer

par toutes ces souffrances ! Oh ! comme cela nous aide ! »

Et, serrant son Crucifix :

« Nous nous consumons l'un pour l'autre ! »

Ce même soir, on annonce à la vénérée malade que le Saint Sacrement sera exposé toute la nuit et que ses filles vont rester en prière pour elle :

— C'est sa fête à lui. Faites-lui une belle fête... de beaux présents : ce qu'il aime, c'est le sacrifice, il ne faut pas en avoir peur, jamais... jamais... Soyons hostie avec lui, hostie habituelle...

Ma messe s'achève... la petite hostie va s'unir à la grande.

Le lendemain matin, jeudi de la Fête-Dieu, et sa fête à elle, Mère Marie du Saint-Sacrement est très mal.

A 4 h. 1/2, le R. P. André appelé lui donne l'absolution et va chercher le saint ciboire. Mère Marie-Germaine de Jésus et toutes les Mères sont autour d'elle.

Le P. André lui dit quelques paroles, puis elle communie.

On prie avec ferveur à ses côtés.

Le P. André lui suggère des invocations : « Ayez au cœur une grande charité, afin que vous puissiez dire au divin Juge, que vous allez bientôt voir, que vous l'avez aimé, lui, par-dessus toutes choses, et que vous avez aimé vos filles, toutes et chacune. Celles qui sont ici, comme celles qui sont sur toute la terre prient avec nous, en ce moment.

» Il faut que, de même que Dieu le Père est un avec son Fils, nous ne fassions qu'un dans l'unité du Saint-Esprit. »

La Mère dit alors au P. André :

— Je vous demande d'être bien avec nous, mon Père.

— Je vous le promets, je connais vos désirs, je connais la Congrégation, vous pouvez compter sur moi.

Puis il récite les prières des agonisants et se retire.

Les Sœurs chantent : « Seigneur, je crois et je veux, sans nuage, je veux te voir... Ah ! laisse-moi monter au ciel ! »

A 11 heures, l'oppression augmente.

Le docteur revient ; il propose de soulager la malade par quelques piqûres qui l'assoupiraient un peu. Mais elle refuse ce soulagement, disant qu'elle préfère garder ses idées bien lucides jusqu'au dernier moment.

A midi 30, la fin approche... Les Sœurs chanteuses se groupent dans l'allée sous sa fenêtre, la communauté se déroule dans le jardin et l'agonie de Mère Marie du Saint-Sacrement est bercée par les chants qu'elle préfère : *Audi filia*, « Près de ton Cœur », « Jésus, dans ce mystère, nous voile son amour », *Misericordias Domini*, *Cor Jesu Sacratissimum*.

Elle écoute, l'âme ravie, sans perdre une parole, et de temps en temps murmure : « C'est délicieux !... J'aime tant le chant de l'*Audi filia* ! »

Les dernières paroles qu'elle entend sont celles de la prière de notre vénéré Père : « Mon Dieu ! faites l'unité des esprits dans la vérité, et l'union des cœurs dans la charité. »

La respiration devient haletante : la mourante, qui voudrait parler, regarde affectueusement Mère Marie-Germaine de Jésus et lui dit : « Merci, vous m'avez bien aidée. » Puis elle fait signe au R. P. André d'approcher et murmure encore une recommandation.

On chante le *Salve Regina*, puis, se souvenant de la dévotion de la sainte Mère pour son ange gardien, le

Père lui demande de porter cette âme, temple du Saint-Esprit, cette âme de religieuse, cette âme de Mère de toute une Congrégation, devant la Majesté de Dieu et de lui obtenir un jugement favorable. Il demande à tous les anges gardiens des Petites-Sœurs d'escorter leur Mère jusqu'au ciel.

Pendant cette prière, Mère Marie du Saint-Sacrement exhale son dernier soupir.

Il est 1 h. 30.

Le P. André annonce la douloureuse nouvelle à la communauté qui se réunit à la chapelle pour le *De profundis*.

Puis, processionnellement, les professes, les novices, les postulantes, défilent dans l'humble cellule devenue le vestibule du ciel, et chacune, avec respect et amour, baise une dernière fois l'anneau de la Mère, en récitant le *De profundis* qui se continue jusqu'à ce que la dernière postulante soit arrivée à la communauté d'où l'on remonte pour les Vêpres et le Salut du Saint Sacrement.

A 6 h. 30 du soir, la Mère tant aimée est descendue à la salle Saint-Etienne qui rappelle tout le passé de la famille des Petites-Sœurs ; et là, devant les portraits des fondateurs, elle repose entre les lis.

C'est ainsi que Notre-Seigneur avait fait le « programme de la fête » et que l'humble petite hostie s'était consumée sur l'autel du sacrifice avant d'avoir son triomphe dans le ciel.

Nous lisons dans son testament spirituel cet acte de désir :

Mourir pour procurer à Dieu une plus grande gloire et lui donner la preuve d'un plus parfait amour.

Mourir pour honorer la Très Sainte Vierge, hâtant, s'il est

possible, la promulgation du dogme de son Assomption.

Mourir pour le triomphe de la Sainte Eglise, le développement de ma famille religieuse, par la sanctification de ses membres, l'extension de ses œuvres et pour obtenir la glorification de nos fondateurs.

Mourir pour assurer le salut de ceux qui me sont chers.

Qu'est-ce qu'une pauvre petite vie pour de si grandes choses !...

Quand, le 18 septembre 1883, Mère Marie de Jésus rendit le dernier soupir, le P. Pernet, se tournant vers ses filles, leur dit : « Mes enfants, votre Mère n'est plus... durant vingt ans, elle s'est efforcée de vous apprendre à bien vivre, elle vient de vous apprendre à bien mourir... »

Cet hommage, le Père, s'il eût encore été présent, l'aurait rendu également devant la dépouille mortelle de Mère Marie du Saint-Sacrement ; il a fait mieux : du ciel, il s'est penché pour venir au-devant de celle qui a si bien rempli sa mission de continuatrice des fondateurs, et dans la gloire l'a présentée à Dieu, car elle n'a rien laissé perdre de ce qu'il lui avait confié.

« Le fil est devenu câble » et a porté la barque en pleine mer, sans la laisser un instant pencher malgré la tempête.

Le secret de sa force est dans ces simples mots : « Elle a beaucoup aimé ! »

XIII

La tombe et la chapelle basse

Mère Marie du Saint-Sacrement repose dans le caveau des fondateurs, à la maison-mère des Petites-Sœurs de l'Assomption.

Entre le cercueil du P. Pernet et celui de la Mère Marie de Jésus, un espace était resté libre, rempli de palmes et de fleurs.

Sans qu'on y eût pensé, providentiellement sa place était là. Il y avait juste l'emplacement d'une troisième sépulture, et sans difficulté, muni de toutes les autorisations, on l'y déposa, parce que Dieu voulait ainsi la réunir aux fondateurs et la conserver à ses filles.

Oh ! combien elle aimait cette chapelle basse
Qui garde le tombeau des fondateurs bénis,
Ils sont dans le repos à jamais réunis
Comme en leurs durs labeurs, comme en leur sainte audace;

Ils dorment là, tous deux, à l'ombre de l'autel,
Et la dalle de marbre est sans cesse fleurie.
A chaque heure du jour, on y vient et l'on prie,
Car il plane en ce lieu quelque chose du ciel.

C'est là que, tout en blanc, les jeunes fiancées
Attendent le moment de la prise d'habit.
Après les vœux, c'est là que leur âme redit
Les paroles d'amour qu'elles ont prononcées.

Et quand il faut partir, soldat de Jésus-Christ,
Partir, non sans émoi, loin du nid de Grenelle,
L'apôtre agenouillé dans cette humble chapelle
Demande aux fondateurs leur zèle et leur esprit.

De ce tombeau sacré semble émaner la vie ;
Plus d'une insigne grâce en a jailli déjà,
Témoignage de Dieu ! car on voit bien par là
Qu'il entend ces élus et qu'il les glorifie.

. . . .

Ils étaient là, tous deux ; maintenant, ils sont trois ;
Ils ont au milieu d'eux leur Fille préférée.
C'est notre Trinité chérie et vénérée
Qui nous aime du ciel, encor plus qu'autrefois !

UNE SAINTE MORT

(Extrait du journal *La Croix*, juin 1922.)

« Nous avons annoncé, il y a huit jours, la sainte mort de la T. R. Mère Marie du Saint-Sacrement, seconde Supérieure Générale des Petites-Sœurs de l'Assomption, gardes-malades des pauvres à domicile.

» Cette mort a été entourée de circonstances remarquables où apparaît la prédilection de Dieu pour cette âme d'élite.

» Atteinte du mal qui devait l'emporter, au jour même de l'Annonciation qui lui rappelait les plus grandes grâces de sa vie, la Mère Marie du Saint-Sacrement comprit que la maladie soudaine qui la frappait était, elle aussi, une grâce de Dieu. Et elle dit son *Fiat* avec une allégresse qui ne se démentit jamais.

» Chaque année, on lui offrait les vœux de bonne fête la veille du jeudi du Très-Saint-Sacrement. Sentant approcher sa fin, elle disait : « C'est le bon Dieu, cette fois, qui fera le programme de la fête... Quelle délicatesse de m'appeler en un si beau jour ! »

» Pendant plus d'une semaine, jusqu'à son dernier soupir, elle donna audience à ses filles, oublieuse d'elle-même, car elle voulait réaliser le programme de sa vie : « Une Supérieure doit se laisser manger jusqu'au bout ».

» Quelques instants avant de mourir, elle demanda à ses filles de chanter leurs plus beaux cantiques sous sa fenêtre. C'était l'heure de la récréation.

« C'est délicieux, disait-elle, c'est délicieux !

» Ecoutez, même les petits oiseaux se mêlent au concert... Que c'est beau !... »

» Le chant des anges se mêlait sans doute déjà aux voix virginales de la terre, car elle s'endormait du sommeil des justes à ce moment précis. »

***

Nous ne saurions mieux compléter ces quelques notes qu'en citant ici le touchant hommage rendu à la défunte par M. L. Duval-Arnould, député de Paris et grand ami des Petites-Sœurs de l'Assomption. Cette notice a paru dans la *Libre Parole*, sous le titre :

UN GRAND ENTERREMENT

» Nous étions venus nombreux, très nombreux, de tous les coins de Paris, prier autour de son cercueil, les yeux mouillés de larmes, et nous ne savions même pas son nom ! Depuis quarante-sept ans, on l'appelait Sœur Marie-du Saint-Sacrement, et depuis trente-neuf ans elle était la Supérieure Générale des Petites-Sœurs de l'Assomption, gardes-malades des pauvres à domicile.

» Je l'avais approchée quelquefois, et j'en remercie Dieu, car ses paroles, simples et douces comme sa personne, pénétrantes comme ce sourire si jeune qui illuminait ses yeux de soixante-dix ans, réchauffaient l'âme. Elle m'a, mieux que les livres, fait comprendre tout ce qu'il peut y avoir d'activité féconde dans la vie la plus humble et la plus cachée.

» Je l'entends encore, lors de notre première conversation déjà lointaine, m'expliquer tranquillement que les auteurs de sa règle « avaient, il y a un demi-siècle, inventé les trois-huit, avant la C. G. T. ». Huit heures de travail, huit heures de vie familiale, huit heures de repos. Voilà un précédent intéressant et imprévu à l'usage des défenseurs de la loi de huit heures. Il est vrai que cet exemple est bien clérical... Il est vrai aussi que les huit heures de repos des Petites-Sœurs sont d'ordinaire écornées par les deux bouts ; il est vrai encore que la vie familiale dont il s'agit ici, c'est la vie religieuse, et que la récréation n'y tient qu'une bien petite place entre la prière et les besognes intérieures ; il est vrai enfin que les huit heures de travail, c'est-à-dire les huit heures passées hors du couvent, s'entendent rigoureusement du « travail effectif », et que la conscience, chronométreur impitoyable, n'en laisse pas distraire une minute : La Petite-Sœur au service de « sa malade » est infirmière, bonne d'enfants, bonne à tout faire ; elle n'a ni le droit de s'asseoir, ni le droit d'accepter un verre d'eau ; et elle prouve qu'il n'est pas toujours impossible de faire en huit heures le travail de dix heures.

» Le soir, bien fatiguée sans doute, elle peut s'endormir en paix ; elle a soulagé des souffrances physiques, elle a guéri d'affreuses plaies de l'âme ; elle peut se rappeler ce mot qu'une pauvre femme, achevant une existence misérable, disait à la Petite-Sœur qui la visitait depuis quinze jours : « Dieu soit béni ! J'aurai connu le bon » heur dès ici-bas, depuis quinze jours je suis heureuse. »

» Ainsi s'est endormie pour son dernier sommeil Mère Marie du Saint-Sacrement, tandis que ses filles, sachant que leur Mère entrait en agonie, se rassemblaient sous sa fenêtre pour chanter les hymnes qu'elle aimait.

» A son enterrement, ni fleurs, ni couronnes, ni discours. Et cependant, quelle pompe funèbre fut jamais plus auguste ! Pas de musique, autre que les chants liturgiques, mais si beaux et si purs sur les lèvres des religieuses ; pas de torchères aux flammes vertes, mais deux fois, pour l'Evangile de la Résurrection et pour l'Elévation, les cierges, par centaines, s'allumant mutuellement aux mains des Sœurs, symboles ardents de foi et d'immortalité ; pas de délégations officielles, mais le cardinal archevêque de Paris donnant l'absoute.

» Puis, défilant devant l'humble bière recouverte d'un drap blanc, pendant une heure peut-être, fraternellement confondus, des riches et des pauvres — des pauvres surtout, — des ouvriers et des ouvrières qui ont sacrifié la demi-journée pour être là : plus d'un, sans doute, ne l'a pas beaucoup connue directement, mais chacun sait qu'elle était la Mère de « sa Petite-Sœur », et donc, qu'il est un peu et même tout à fait de la famille.

» Je voudrais bien avoir cet enterrement-là. Mais ce n'est pas dans mes moyens, car c'est beaucoup plus cher qu'une première classe : il faut le payer d'avance, de toute sa fortune et de toute sa vie. »

L. Duval-Arnould.

APPENDICE

Témoignages de ses Filles

Il serait aisé de composer une véritable mosaïque avec le nombre infini de dépositions faites par ses filles, sur la sainteté, l'esprit surnaturel, la bonté de Mère Marie du Saint-Sacrement.

Mais nous ne prétendons faire ici qu'un simple recueil de notes sur cette belle figure de « Religieuse supérieure et de Supérieure religieuse ». Nous n'en citerons que quelques-unes :

« J'ai toujours pensé que notre Mère était une âme prédestinée, une âme comme confirmée dans le surnaturel... La prière était vraiment la respiration de son âme.

» A la chapelle, quelle attitude d'adoration et de supplication !

» Dans ses allées et venues, quel recueillement sans affectation... sa piété était simple. J'ai souvent pensé qu'elle ne perdait pas la divine présence.

» Sa confiance en Dieu était sans borne, sa générosité pour lui, sans mesure ; elle nous en a donné la preuve durant les années de la persécution religieuse, alors que, après avoir consulté Dieu dans la prière, elle s'était décidée à défendre ses droits et la liberté de la vie religieuse, en sacrifiant tout le reste. »

» Sans nier, en cette circonstance, la vertu de chaque

Petite-Sœur, soutenue et protégée par ses Supérieures, comment ne pas voir à quelle hauteur s'est élevée notre Mère, responsable de toute la Congrégation.

» Que dut-il se passer dans son esprit et dans son cœur, quand elle apprit l'expulsion de nos trois maisons de Lyon?... Mais rien n'était capable d'ébranler son âme si entièrement abandonnée.

« Plus de confiance que de soucis ; plus d'amour que » de crainte », aimait-elle à nous rappeler, et tant de confiance et d'amour touchèrent si bien le Cœur du bon Dieu qu'il ne permit que l'épreuve, et nous délivra des mains de ses ennemis. C'était le salut... et à qui, après Dieu, le devons-nous, sinon au désintéressement et à la totalité de l'abandon de notre Mère ?

» Plusieurs fois, alors qu'on la questionnait sur ses intentions et ses projets, je l'ai entendue répondre : « Moi, » je ne fais pas de projets, pour éviter au bon Dieu la » peine de les défaire. »

» En 1897, j'avais été chargée, durant le Pèlerinage de Lourdes, de brosser les vêtements de notre Mère. Un soir, j'allais prendre sa robe à tâtons, quand ma main heurta quelque chose de rugueux. C'était sa ceinture de crin préparée pour le lendemain matin. Evidemment, les jours suivants je ne la retrouvai plus à la même place, ce qui ne me prouva nullement que cette ceinture ne fût portée par elle pendant toute la durée du Pèlerinage.

» Notre communauté de la Croix-Rousse possède une discipline teinte du sang de notre Mère. Cette discipline a une histoire.

» Notre Mère, visitant les maisons de Lyon, avait pour compagne de voyage et sans doute aussi pour voisine de cellule, notre bonne Sœur Marie-Victorine. Matin et soir, elle entendait les flagellations retentissantes de notre Mère. Filialement indignée, elle fit ses observations qui n'eurent point d'effet ; alors, n'y tenant plus, elle fit disparaître la discipline en la confiant à la Supérieure de la maison.

» Il est probable que la discipline fut assez vite remplacée, car, peu après, nous savons que la même compagne de voyage prit les grands moyens : elle alla se plaindre au P. Pernet :

» — Mon Père, vous ne savez pas ce qui se passe... notre Mère se tue ; c'est déraisonnable de se flageller ainsi.

» — Non, ma fille, ce n'est pas déraisonnable. Votre Mère sait ce qu'elle fait, elle connaît le prix des âmes. »

» Un souvenir qui me restera toujours bien vivant, écrit une Petite-Sœur, est celui du chemin de croix fait à Lourdes, l'année dernière, avec notre Mère.

» Dès la veille, elle avertissait les quelques élues de se tenir prêtes le lendemain matin, pour le départ à 5 h. 1/4.

» A l'heure dite, personne, bien entendu, ne manquait au rendez-vous ; nous étions huit ou dix avec notre Mère.

» Le soleil n'était pas encore levé et les étoiles scintillaient ; l'une d'elles était magnifique. En partant, notre Mère nous la fit admirer : « Voyez, voyez, c'est l'Etoile du matin !... »

» Heureusement, la grille était ouverte, et notre Mère salua « l'ange placé à l'entrée, qui montre la Voie douloureuse. »

» Dès la première station, un petit oiseau vint se placer

devant nous, gazouillant, sautillant, pendant qu'elle faisait à haute voix une courte, mais substantielle méditation.

» D'une station à l'autre, ce petit oiseau nous rejoignait, s'arrêtant en même temps que nous... « Voyez ce » petit, est-il curieux ; il nous suit ; on dirait qu'il veut » faire son chemin de croix avec nous ! »

» Je me rappelle particulièrement l'intention donnée par notre Mère à la troisième chute, IXe station. Avec quel accent douloureux elle nous dit : « Prions pour les » âmes religieuses qui sont tentées contre leur vocation, » afin de leur obtenir la grâce de force, de générosité, » pour qu'elles ne succombent pas. »

» A la dernière station, le petit oiseau vint se percher sur le bras de la Sainte Vierge : « Voyez donc, je vous » assure qu'il veut consoler la Sainte Vierge !... »

» Puis nous descendîmes le sentier qui passe devant la grotte de Sainte-Madeleine et nous arrivâmes juste à temps pour la messe, heureuses d'avoir eu, comme préparation à la communion, cet inoubliable chemin de croix avec notre Mère.

» C'est à Lourdes aussi qu'elle laissa entrevoir l'intimité qui régnait entre elle et son ange gardien, quand, revenant du chemin de croix dès l'aube, elle craignait d'être en retard pour la messe :

— Attendez, fit-elle, je vais envoyer mon ange gardien pour empêcher le Père de commencer avant notre arrivée à la Grotte. Si vous saviez tous les services qu'il me rend, ce cher ange ; oh ! combien je serai heureuse de le voir au ciel.

» On se demandait parfois comment, accablée de soucis et de responsabilités, son cœur pouvait conserver cette fraîcheur de jeunesse ; elle vibrait au souffle qui passait, semblable à la lyre que le moindre zéphir fait chanter après les grands orages. »

Une de ses filles qui l'a bien connue, car elle est la plus ancienne de la Congrégation, a fait sur sa Mère une belle déposition : nous y lisons :

« Nos fondateurs l'ont bien jugée dès le premier abord : elle était moulée pour faire une bonne supérieure.

» Grande observatrice de la règle en tous points, pieuse et charitable au suprême degré, jamais Mère Marie du Saint-Sacrement n'aurait supporté qu'une Sœur manquât au silence et vienne lui faire des réflexions peu charitables. Elle était si surnaturelle !...

» Elle ne tenait à la terre que par les pieds : son cœur, son esprit, son âme étaient au ciel.

» Lorsqu'elle fut nommée Supérieure Générale, elle nous donna l'exemple de toutes les vertus : humble, mortifiée, charitable, surnaturelle, d'une obéissance parfaite, soumise à notre Père, régulière, la première aux exercices qu'elle présidait toujours.

» A la voir à la chapelle, elle donnait de la dévotion ; on la sentait tellement pénétrée de la présence de Dieu, absorbée dans sa prière.

» Malgré tout, rien ne lui échappait. Elle voulait ses filles d'une tenue irréprochable et d'un recueillement parfait.

» Elle était très mortifiée : quand on lui donnait quelque chose à part, elle demandait au réfectoire le régime commun, se faisait porter le plat de la première table et ensuite envoyait le sien à une Sœur qu'elle savait fatiguée.

» Presque chaque semaine, elle nous stimulait, prenant son repas à genoux, baisant les pieds des Sœurs, écoutant les points de l'Evangile les bras en croix, etc.

» Notre Mère ne nous demandait rien qu'elle ne fît elle-même ; elle multipliait ses pénitences et ne se ménageait pas : j'en ai été témoin plusieurs fois, ayant eu souvent une cellule près de la sienne.

» Si on avait à lui avouer un manquement à la règle, avec quelle bonté et quelle indulgence elle vous soutenait après l'accusation ; jamais elle ne faisait sentir qu'on lui avait fait de la peine, pas un mot amer ; au contraire, la coupable aurait pu croire qu'elle était la plus aimée ; elle redonnait toute sa confiance, pardonnait, tout était effacé...

» Notre Mère vivait d'amour de Dieu... elle avait la dévotion du *Fiat*, du *Sursum corda*, de l'*Ecce ancilla Domini*. Si on avait une difficulté, une épreuve, elle vous montrait le ciel : « Ma fille, *Sursum corda !...* » A mesure qu'elle avançait dans la voie de la perfection, l'attirance vers le ciel se faisait sentir à son âme.

» Durant les dernières années, elle se détachait de plus en plus de tout ce qu'elle aimait : les organisations, les détails, toutes ces occupations que durant si longtemps elle avait eues en mains et qui remplissaient sa vie, le mouvement de la maison-mère, elle laissait tout pour se consacrer entièrement à l'ensemble de la Congrégation.

» Elle donnait à son courrier un temps considérable et se réservait aussi des moments de solitude et de recueillement.

» D'ailleurs elle avait le cœur fatigué et le docteur lui avait ordonné quelques heures de repos qu'elle prenait sur un fauteuil dans son cabinet.

» En 1919, le lever matinal lui avait été interdit et notre Mère devait passer dans l'immobilité le temps qu'elle ne consacrait pas aux affaires. »

« Un matin, écrit une Sœur, elle me fit appeler de bonne heure pour un télégramme à expédier, mais la communication ne me fut donnée que vingt minutes après. J'entrai donc chez elle, à l'heure de son oraison. Je frappai, entr'ouvris la porte pour voir si elle me ferait signe d'entrer, mais la surprise me retint sur le seuil.

» Au lieu de la trouver, comme à l'ordinaire, profondément recueillie, appuyée sur le dossier du fauteuil selon la prescription du docteur, je la vis assise sur le bord du siège, apparaissant ainsi de profil.

» Son teint toujours si pâle était coloré. Elle se tenait penchée en avant, ses yeux semblaient fixer sur le mur un point placé au dessus d'elle. Toute sa physionomie était empreinte d'une douleur profonde, elle semblait comme perdue dans la contemplation.

» Je refermai la porte et j'attendis ; puis, je m'enhardis à frapper de nouveau et à entrer résolument dans la pièce.

» Notre Mère était toujours dans le même état, avec la même expression douloureuse, puis subitement, sans effort, avec la promptitude qu'elle mettait à passer d'une occupation à une autre, je la vis redevenir elle-même, et avec un bon sourire, m'apercevant, elle me dit : « Venez, ma fille, c'est pour une dépêche... »

» Chose curieuse, notre Mère, si stricte pour l'exactitude, avait dû perdre conscience du temps écoulé, car elle ne me fit aucune remarque sur le retard apporté à l'envoi du télégramme. »

« Notre Mère Marie du Saint-Sacrement possédait à fond le Directoire, chef-d'œuvre de notre vénéré Père fondateur. Elle en vivait, elle le rayonnait sur toute la Congrégation.

» Que de fois, en méditant ces belles pages, je pense à elle !

» Souvent, je lui applique ces paroles qui commencent le chapitre si beau : « De l'adoration de la Sainte Trinité » : « La Petite-Sœur rendra à la Sainte Trinité son » devoir d'adoration, par la dépendance la plus entière, la » plus constante dans l'œuvre de sa sanctification et dans » celle de son apostolat... » Et encore : « Elle ira au Père, » au Fils et au Saint-Esprit en Jésus-Christ, se revêtant » de lui, se transformant en lui par sa grâce et dans » son amour, de telle sorte que le Père puisse dire en la » considérant : « Voilà mon enfant, en qui j'ai mis mes » complaisances, en qui je retrouve les traits de mon » Fils et sur laquelle repose mon Esprit. »

» Quand je me demande quelle est la Petite-Sœur assez sainte pour mériter cette louange, ma pensée va tout de suite à notre Mère Marie du Saint-Sacrement, car j'ai l'intime conviction qu'elle a réalisé en son âme l'idéal conçu par notre vénéré Père sur la sainteté de la Petite-Sœur, et pour moi, lire un chapitre du Directoire, c'est lire un chapitre de sa vie spirituelle.

» N'a-t-elle pas réalisé ce sentiment de la présence de Dieu indiqué par notre fondateur : « Autant qu'elle le » pourra, la Petite-Sœur ne le perdra jamais de vue... » Elle l'adorera habituellement, s'abaissant devant ces » splendeurs de perfection, de beauté et de bonté. Mais » elle ne doit pas se contenter de cela. Cette contempla» tion habituelle devra comme imprimer Dieu dans son

» cœur et lui inspirer un sentiment profond, vif et » transformant de ce Dieu en la présence duquel elle » vit... »

» Il me semble entendre notre Mère et le résumé de sa confiance illimitée en Notre-Seigneur au Saint Sacrement quand je lis, au chapitre VIe :

« Je le consulterai pour tout et j'aurai le plus grand » soin de profiter de ses grâces et de répondre aux » touches intérieures de son Esprit, quoi qu'il m'en » coûte...

» J'en ferai mon ami le plus cher et le plus constant. » Ainsi, je ne serai jamais seule... Il sera toujours mon » appui... »

« L'amour de Dieu fut bien en elle la source de l'amour du prochain ! Combien elle aimait les pauvres et la mission des Petites-Sœurs !... »

Les récits de ses filles la ravissaient, et surtout dans ses dernières années, elle ne pouvait, avec les personnes du monde, parler que des merveilleux résultats obtenus qui la jetaient dans l'admiration.

Quand notre Mère visitait les maisons, elle trouvait toujours le temps d'aller voir quelques malades. C'était un besoin pour son cœur.

« Nous nous occupions, raconte une Petite-Sœur, d'un pauvre jeune homme de dix-neuf ans entièrement perclus par des rhumatismes articulaires qui le faisaient cruellement souffrir. Sa mère était obligée de le laisser toute la matinée pour aller vendre des légumes au marché, et les Petites-Sœurs, soignant des malades dans les parages de la pauvre baraque qui leur servait d'habitation, entraient voir si l'infirme n'avait besoin de rien, et lui rendaient service à tour de rôle.

» Notre Mère, chaque fois qu'elle venait, voulait faire une visite à C...

» Assise auprès de son grabat, elle écoutait toutes ses histoires, entre autres celle d'un rat qui vint un jour se promener sur son lit et s'approcher de son visage sans qu'il pût faire un mouvement pour le renvoyer. Le pauvre garçon eut l'idée d'appeler le chat qui, montant sur le lit, le délivra, après un sanglant combat, de ce dangereux animal.

» Très émue, notre Mère lui dit : « Mon pauvre enfant, » combien je voudrais pouvoir vous rendre service » comme ce chat ; dites-moi ce que je puis faire pour » vous, j'ai si grand désir de vous soulager !... » Et elle se mit à le servir.

Elle pratiquait encore la parole du Directoire :

Je me rappellerai toujours que je suis la très humble servante des pauvres, et qu'à l'imitation de Notre-Seigneur, je dois préluder à son règne dans leurs âmes en m'employant aux travaux les plus humbles et même les plus répugnants...

Adveniat Regnum Tuum!

TABLE DES MATIÈRES

1928-349. — *Imprimerie "Maison de la Bonne Presse" (S. An.), 5, rue Bayard, Paris 8e*

www.ingramcontent.com/pod-product-compliance
Ingram Content Group UK Ltd.
Pitfield, Milton Keynes, MK11 3LW, UK
UKHW021152260726
13994UKWH00001B/417

9 782329 385938